BEI GRIN MACHT SICH IHR WISSEN BEZAHLT

- Wir veröffentlichen Ihre Hausarbeit,
  Bachelor- und Masterarbeit

- Ihr eigenes eBook und Buch -
  weltweit in allen wichtigen Shops

- Verdienen Sie an jedem Verkauf

Jetzt bei www.GRIN.com hochladen
und kostenlos publizieren

Dirk Labitzke

Die Subkultur Hip-Hop und ihre Bedeutung für die Jugendarbeit

GRIN Verlag

Bibliografische Information der Deutschen Nationalbibliothek:

Die Deutsche Bibliothek verzeichnet diese Publikation in der Deutschen National-
bibliografie; detaillierte bibliografische Daten sind im Internet über http://dnb.d-
nb.de/ abrufbar.

Impressum:

Copyright © 2006 GRIN Verlag GmbH
Druck und Bindung: Books on Demand GmbH, Norderstedt Germany
ISBN: 978-3-656-62501-8

Dieses Buch bei GRIN:

http://www.grin.com/de/e-book/90178/die-subkultur-hip-hop-und-ihre-bedeutung-
fuer-die-jugendarbeit

GRIN - Your knowledge has value

Der GRIN Verlag publiziert seit 1998 wissenschaftliche Arbeiten von Studenten, Hochschullehrern und anderen Akademikern als eBook und gedrucktes Buch. Die Verlagswebsite www.grin.com ist die ideale Plattform zur Veröffentlichung von Hausarbeiten, Abschlussarbeiten, wissenschaftlichen Aufsätzen, Dissertationen und Fachbüchern.

Besuchen Sie uns im Internet:

http://www.grin.com/

http://www.facebook.com/grincom

http://www.twitter.com/grin_com

Die Subkultur Hip-Hop und deren Bedeutung für die Jugendarbeit

Diplomarbeit

Dirk Labitzke
Studiengang: Soziale Arbeit

Im SommersemesterS 2006
Veranstaltung: Arbeit mit Kindern und Jugendlichen

Inhaltsverzeichnis

Einleitung

Verfolgt man den derzeitigen Musikmarkt, dann fällt einem als interessierter Musikhörer auf, dass momentan etliche verschiedene Musikstile um die Aufmerksamkeit und letztendlich auch um das Geld der vor allem jugendlichen Zuhörerschaft kämpfen. Das ist zwar kein neues Phänomen, interessant zu beobachten ist aber trotz allem, wie sich die Musik im Laufe der letzten Jahrzehnte verändert und immer weiter differenziert hat. So gab es auch schon in den 50er und 60er Jahren spezielle Musikstile mit eigenen Ausdrucks-, Kleidungs- und Verständigungsformen, man kann aber behaupten, dass die damaligen musikalischen Ausdrucksformen und -stile um einiges geringer waren als heute, am Anfang des 21. Jahrhunderts. So entdeckt man in den heutigen Charts Musik der verschiedensten musikalischen Zweige. Es gibt dort immer noch die klassische Rockmusik und ihre unterschiedlichen Orientierungen wie z.b. der Punk oder Hardrock. Daneben hört man Reggae, Techno, Dark Metal, Schlager, klassische Popmusik, Soul, Heavy Metal und noch viele weitere Musikstile, die, wenn man sie alle aufzählen würde, den Rahmen dieser Einleitung sprengen würden.

Einer der bedeutendsten und einflussreichsten Musikstile der letzten Jahre ist zweifellos Hip-Hop oder umgangssprachlich auch Rapmusik. Der Beweis für den unglaublich kommerziellen Erfolg dieses Stiles ergibt sich unter anderem durch einen Blick auf die aktuellen Platzierungen der Media-Controll-Charts. So befanden sich in der dritten Juliwoche des Jahres 2006 unter den zwanzig meist verkauften Singles der Woche 8 Lieder, die direkt aus dem Hip-Hop-Umfeld stammen oder zumindest stark von diesem Stil beeinflusst werden.

Doch man kann heutzutage den Erfolg eines Musikstiles nicht nur an verkauften CDs festmachen. Individuelle Kleidungsstile sowie eine bestimmte Art seine Umwelt zu sehen und sich in ihr zu repräsentieren kommen hinzu. Diese Merkmale erfüllt die Hip-Hop-Kultur zurzeit am deutlichsten, denn jeder, der aufmerksam seine Umgebung und deren Einwohner beobachtet, kennt Teenager, aber auch ältere Jugendliche, die mit zu weiten Hosen und zu großen T-Shirts durch die Straßen laufen. Jedem sind schon einmal Graffitis aufgefallen, die einen omnipräsent durch das Stadtbild begleiten, und vielleicht hat auch schon der ein oder andere gesehen, wie Breakdancer die Fußgängerzone mit Hilfe eines Stücks

Linoleum zur Bühne ihres Tanzes umfunktioniert haben. Dies alles ist ein Teil einer großen Subkultur, der Hip-Hop-Kultur.

Die vorliegende Arbeit beschäftigt sich mit Subkulturen im Allgemeinen und mit der Subkultur Hip-Hop im Speziellen. Dabei soll vor allem geklärt werden, was das Leben in einer Subkultur so interessant und verführerisch macht. Ich möchte auf spezielle Merkmale des Hip-Hops eingehen und somit auch versuchen zu erklären, was diese Kultur zu etwas Besonderem macht.

Das Ziel, welches ich verfolge, ist, dass es am Ende der Arbeit für den Leser nachvollziehbar ist, warum sich Jugendliche in Gruppen organisieren, um gemeinsam zu rappen, zu tanzen oder zu sprühen. Ich möchte für ein Verständnis jugendlicher Handlungsformen werben, welche auf den ersten Blick nicht für jeden erwachsenen Menschen nachvollziehbar sind.

Hierbei werde ich mich ausführlich zu verschiedenen Theorien über Kultur und Subkultur äußern und im Anschluss diese auf die derzeitige Hip-Hop-Szene übertragen.

Auch ist ein Verständnis dieser Subkultur unbedingt nötig, um einen Großteil der heutigen Jugendlichen und ihr Handeln verstehen zu können. Aus diesem Grund werde ich mich ausführlich zur Entstehung, zur Verbreitung und zu den Besonderheiten der Hip-Hop-Kultur äußern. Meinen Schwerpunkt wird dabei die Geschichte des Hip-Hop bilden, weil die Wurzeln dieser Kultur einen Rückschluss auf die heutige Bedeutsamkeit für viele Jugendliche zulässt. Da Hip-Hop ein Medium ist welches vom aktiven Austausch zwischen den Aktivisten lebt, und dieser ständige Transfer von Meinungen, Gedanken, Erlebnissen und Eigenarten auch nicht vor Deutschland halt gemacht hat, werde ich mich auch ausführlich mit der Entstehung und Verbreitung von Hip-Hop in Deutschland beschäftigen. Außerdem werde ich mich zum Stand der derzeitigen Rap-Musik in Deutschland äußern, denn Meinungen und Positionen zur politischen Korrektheit dieses Musikstils dominieren die gegenwärtigen deutschen Musikmedien.

Zum Schluss dieser Arbeit möchte ich noch auf die Chancen eingehen, welche sich für die Arbeit mit Kindern und Jugendlichen ergeben, wenn man ein Verständnis für jugendliche Subkulturen aufbaut. Außerdem werde ich einige Beispiele und Anregungen nennen, wie man die Hip-Hop-Kultur für die Jugendarbeit positiv nutzen kann.

1. Kulturdefinition

Um sich dem Thema Subkulturen und deren einzelnen Verzweigungen nähern zu können, ist es unvermeidbar im Vorhinein erst einmal den Versuch zu unternehmen, den allgegenwärtigen, uns überall begleitenden Begriff Kultur zu definieren. Das Wort Kultur stammt dabei erstmal von dem lateinischen Wort cultura ab, was übersetzt soviel bedeutet wie, Pflege des Körpers aber primär des Geistes.

Rolf Schwendter, als einer der wichtigsten deutschsprachigen Theoretiker der Subkulturforschung, ist der Meinung, dass „Kultur als der Inbegriff alles nicht Biologischen in der menschlichen Gesellschaft" gesehen werden kann. „Oder anders gesagt: Kultur ist die Summe aller Institutionen, Bräuche, Werkzeuge, Normen, Wertordnungssysteme, Präferenzen, Bedürfnisse usw. in einer konkreten Gesellschaft." (Schwendter 1993, S. 10F, zit. nach Farin, S.18)

Klaus Farin zitiert in seinem Buch Generation kick.de Laszlo A. Vaskovics welcher schreibt, dass die Menschen nicht mehr über das Ausmaß an Instinkten verfügen, wie es noch bei den Tieren zu beobachten ist. Die Verhaltensweisen und unterschiedlichen Handlungen der Menschen sind viel weniger instinktfixiert als im Tierreich. Was aber in der Tierwelt ein Nachteil wäre, kann bei den Menschen als Vorteil gesehen werden. Denn aus der dadurch entstehenden Handlungsfreiheit hat der Mensch unendlich viele verschiedene individuelle Möglichkeiten für die Gestaltung des sozialen Lebens geschaffen. Diese biologischen und sozialen Freiheiten führen und führten aber auch immer wieder zu Problemen im menschlichen Umgang. Diese Belastungen, durch ständig geforderte situative Entscheidungen, versuchte man durch das Einführen verbindlicher Regeln zu kompensieren. In diesem Zusammenhang entstanden unterschiedlichste Verhaltensmuster, Rollen und Institutionen, welche das komplexe soziale Regelsystem sichern und unterstützen sollen. Kultur würde dann nach Meinung von Vaskovics die Summe der gesellschaftlichen Regelsysteme sein, inklusive der darin enthaltenen Werte und Normen. Zusammengefasst lässt sich Kultur also als die gesamte Konfiguration von Verhaltensmustern, Rollen und Institutionen definieren, welche die Mitglieder einer Gesellschaft verbinden. (vgl. Farin 2001, S. 18)

Stark vereinfacht wurde Kultur auch häufig als „erlerntes Verhalten" oder als „Problembewältigung aufgrund überlieferter Verhaltensmuster" verstanden, nur engt das den Begriff Kultur zu stark ein und eine Erweiterung des Kulturbegriffes scheint angebracht. Tylor vermerkt dazu: „Kultur oder Zivilisation, im weiteren ethnographischen Sinn verstanden, ist jenes komplexes Ganze, das das Wissen, den Glauben, die Kunst, die Moralauffassung, die Gesetze, die Sitten und alle anderen Fähigkeiten und Gewohnheiten umfasst, die sich der Mensch als Mitglied der Gesellschaft aneignet." (Brake 1981, S.15) Eine weitere Definition des Begriffes Kultur stammt von Kroeber und Kluckhohn. Diese Beiden stützen sich bei ihrer Definition des Kulturbegriffes auf mehr als einhundert Merkmale, die verschiedenen sozialwissenschaftlichen Disziplinen entnommen wurden. Dabei kommen sie zu folgendem Ergebnis. „Kultur besteht aus Verhaltensmustern, aus einer expliziten und impliziten Symbolik und konstituiert kennzeichnende menschliche Leistungen, einschließlich ihrer Vergegenständlichung in künstlerischen Erzeugnissen. Den Hauptinhalt von Kultur aber machen überlieferte Ansichten und vor allem die damit verknüpften Wertmaßstäbe aus, die als historisch gewachsene begriffen werden müssen. Kulturelle Wertsysteme sind einerseits das Produkt menschlicher Handlungsweisen und andererseits die Voraussetzung für späteres Verhalten." (zit. nach Brake 1981, S.15) So kann man Kultur als „historisch gewachsenes Netz von Metaphern, Symbolen und Bedeutungen" betrachten, welches sich einzelne Personen potentiell aneignen können.

Eine weitere populäre Definition des Kulturbegriffes stammt von William James Durant aus seinem Werk „Kulturgeschichte der Menschheit". Durant schreibt darin, dass Kultur eine soziale Ordnung ist, welche schöpferische Tätigkeiten begünstigt. Dabei setzt sie sich aus vier Elementen zusammen. Das wäre die wirtschaftliche Vorsorge, die politische Organisation, moralische Traditionen und das Streben nach Wissenschaft und Kunst. Seiner Meinung nach beginnt Kultur wo Chaos und Unsicherheit endet. Das befreit die Neugier und den Erfindungsgeist und so kann der Mensch aus natürlichem Antrieb der Verschönerung des Lebens entgegenschreiten.

Auch der Theologe, Arzt und Philosoph Albert Schweitzer hat eine Definition des Begriffes Kultur vorgenommen. „Nach Albert Schweitzer ist Kultur Fortschritt, materieller und geistiger Fortschritt der einzelnen wie der Kollektivitäten. Der

Fortschritt bestehe zunächst darin, dass für die Einzelnen wie für die Kollektivitäten der Kampf ums Dasein herabgesetzt werde. Letztes Ziel der Kultur ist nach Albert Schweitzer die geistige und sittliche Vollendung des Einzelnen." (http//de.wikipedia.org/wiki/kultur, 09.06.2006) Auffällig beim Lesen der verschiedenen Definitionen ist, dass es der Wissenschaft schwer fällt eine konkrete Begriffsbestimmung des Kulturbegriffes zu finden, aber die Gesamtheit der genannten Definitionen macht deutlich, was man aus wissenschaftlicher Sicht unter Kultur versteht.

Da Kultur, wie schon erwähnt, verschiedene ineinander überfließende, aber auch voneinander abgeschottete Sphären enthält, ist eine homogene Kultur praktisch unmöglich. „Jedes komplexe Gesellschaftssystem besteht aus verschiedenen divergierenden Kulturen und einer Reihe von Untergruppen und Subkulturen, wobei diese sich mit ihren Verhaltensnormen, ihren Wertmaßstäben und ihrem Lebensstil gegenüber der dominanten Kultur behaupten müssen." (Brake 1981, o.a.)

Mit den, laut Brake, also zwangsläufig entstehenden Subkulturen setze ich mich in dieser Arbeit auseinander und werde im folgenden Kapitel definieren, was man unter einer Subkultur versteht.

1.1. Subkultur

Der Begriff Subkultur wurde nach der Ansicht von Brake erstmals in den 40er Jahren von Mc Lung Lee und M. Gordon gebraucht, welche die Subkultur als Subsystem der nationalen Kultur definierten und die sich bei ihren Forschungen „explizit auf ethnische Gruppierungen in den USA, auf italienische Immigranten, sowie generell auf die schwarze Bevölkerung" (Farin 2001, S.58) bezogen. In den 70er und 80er Jahren des letzten Jahrhunderts erlebten Soziologen und Pädagogen dann „die Blütezeit der Subkultur-Forschung" (Farin 2001, S.18), welche aber aufgrund der fortschreitenden Individualisierung von Beziehungsgeflechten sowie der Zunahme verbindlicher Normen- und Wertekataloge vor zunehmend größere Probleme gestellt wurde. Da schon das Finden verbindlicher Gemeinsamkeiten der Mehrheitsgesellschaft diffizil wurde, erschien es fast unmöglich Ähnlichkeiten von eindeutig abweichenden Gruppen und Orientierungen zu entdecken und zu analysieren. Trotz aller Schwierigkeiten bei der

Subkulturforschung erscheint es aber angebracht sich auch aktuell mit diesem Thema auseinanderzusetzen, denn für den überwiegenden Teil, der in Subkulturen organisierten und engagierten Jugendlichen, macht dieser Begriff weiterhin Sinn und stellt nicht selten einen starken Identifikationspunkt im täglichen Leben dar. In Anlehnung an die schon genannte Kulturdefinition von Schwendter ist „Subkultur ein Teil einer konkreten Gesellschaft, der sich in seinen Institutionen, Bräuchen, Werkzeugen, Normen, Wertordnungssystemen, Präferenzen, Bedürfnissen usw. in einem wesentlichen Ausmaß von der herrschenden Institution etc. der jeweiligen Gesamtgesellschaft unterscheidet." (Schwendter 1993, S. 10, zit. nach Farin 2001, S.18).

Brake geht ergänzend davon aus, dass die Existenz einer herrschenden Klasse nicht zu leugnen ist. Er stellt aber trotzdem in Frage, ob man dabei gleichzeitig von der Vorherrschaft einer Kultur ausgehen kann. Seiner Meinung nach ist jede soziale Gruppe in verschiedene auf sie zugeschnittene Wertesysteme involviert, aber kein existierendes Wertesystem kann als homogen oder einheitlich beschrieben werden, denn „gängige Ansichten unterliegen Modifikationen, Werte werden umgewertet." (Brake 1981, S.16). Das führt dazu, dass Gesellschaften, die auf so komplexe Weise verzweigt sind, mehrere verschiedene Kulturen entwickeln. „Die Mehrzahl dieser Kulturen sind Stammkulturen, wobei die Subkulturen als Subsysteme dieser großen kulturellen Konfiguration begriffen werden müssen. Subkulturen beinhalten Elemente der umfassenderen Stammkultur, heben sich jedoch zugleich von ihr ab." (Brake, o.a.) Durch die, je nach Aktualität der jeweiligen Subkultur, verschieden starke Präsenz in den Massenmedien wird die Verbindung der Subkulturen zur Stammkultur nicht abgebrochen, was eine verstärkte Einflussnahme auf die unterschiedlichen Lebensstile der Gesellschaftsmitglieder zur Folge hat. Gleichzeitig werden aber auch der Anpassungsdruck, die Entfremdungserscheinungen sowie die Auflösungstendenzen der Subkulturen von der öffentlichen Meinung mitproduziert, so dass die Wertmaßstäbe der Stammkultur durchaus den Eingang in die jeweilige Subkultur finden. Laut Downes sollte man weiterhin zwischen den Subkulturen, „deren Erscheinungsbild im Großen und Ganzen gesellschaftlich akzeptiert wird und anderen, die als negative Reaktion auf soziokulturelle Gegebenheiten auftauchen" (Brake, o.a.) differenzieren. Nur durch die nicht zu vermeidende Teilnahme an der umfassenderen Stammkultur kann eine Integration in eine Subkultur stattfinden, wobei die Vermengung von Merkmalen der Stammkultur mit der Subkultur stark variieren kann und dadurch entweder ein Anhängsel der jeweiligen Stammkultur oder ein oppositioneller Widerpart entsteht. Durch die verschieden starke Abgrenzung von der entsprechenden Stammkultur entstehen in der Folge dann auch immer wieder Subkulturen mit sichtbaren spezifischen Hauptmerkmalen, welche sich signifikant von den allgemein akzeptierten durchschnittlichen Gesellschaftsnormen unterscheiden. Diese Hauptmerkmale beschreibt Miller als „ein Spektrum verschiedener Orientierungspunkte, die ungeteilte Aufmerksamkeit und ein Höchstmaß emotionaler Zuwendung erfordern." (Brake, o.a.).

Geht man also davon aus, dass es nicht eine beherrschende allgemein gültige Jugendkultur gibt, sondern dass, „je nach Alter und sozialer Schicht, ein komplexes Kaleidoskop von Subkulturen mit spezifisch ausgeprägten Lebensstilen, eigenen Wertmaßstäben und Verhaltensnormen" (Brake, o.a.) existiert, lässt sich auch ein Begriff der jugendlichen Subkultur herausarbeiten, der über das hinausgeht, was man in der Populärwissenschaft mit dem Terminus Jugendkultur kategorisiert.

Wenn man auf die Definition zurückkommt, dass man Kultur „als historisch gewachsenes Netz von Metaphern, Symbolen und Bedeutungen betrachten kann, die sich Einzelpersonen potentiell zu eigen machen können" (Brake, o.a.), verweisen Subkulturen, durch ihre einfache Existenz und ihre alternativen Ausprägungen, auf eine kulturelle Vielfalt, die im genauen Gegensatz zur angenommenen Dominanz einer Kultur steht. „Subkulturen entstehen dort, wo es vorab schon einige organisierte und (nach außen hin) wahrgenommene Ansätze eigener Wertmaßstäbe, Verhaltensformen und Handlungsweisen gegeben hat." (Brake, o.a.)

Nach Ansicht von Downes finden sich Subkulturen zusammen, um kollektiv erfahrene Schwierigkeiten und Probleme zu lösen. Subkulturen entstehen seiner Meinung nach dort, „wo eine Anzahl Personen mit ähnlichen Anpassungsproblemen, für die noch keine wirkliche Lösung in Sicht ist, untereinander in engem Erfahrungsaustausch stehen." (Brake, o.a.) Ebenso verweist er daraufhin, dass jugendliche Subkulturen nicht nur innerhalb einer Gesellschaft entstehen, sondern auch importiert werden können. Aber „generell kann eine Subkultur nur dann überleben, wenn sich aus ihr neue Wertmaßstäbe und Verhaltensnormen entwickeln, die für die einzelnen Mitglieder Symbolkraft und Bedeutung haben. (…) Vom existentiellen Blickwinkel betrachtet, beeinflussen die subkulturellen Metaphern und Bedeutungen die Identität und die Vorstellungswelt des einzelnen Mitglieds. Die quasi extern entstandenen Symbolwelten bestärken das individuelle Selbstwertgefühl, wobei ein sich veränderndes Image allerdings kulturell und existentiell der Einzelperson entsprechen muss." (Brake, o.a.)

1.1.1. Das Subkultur-Modell nach Schwendter

In seinem Werk „Theorie der Subkultur" aus dem Jahr 1970 setzte sich der deutsche Theoretiker Rolf Schwendter mit Subkulturen auseinander und entwarf dabei ein Modell, welches ich im Folgenden näher erläutern möchte. Dabei sind alle Erkenntnisse und Zitate dem Buch „generation kick.de" von Klaus Farin entnommen, welcher sich ausführlich mit den Ergebnissen der Arbeit von Schwendter auseinander gesetzt hat.

Zunächst einmal unterscheidet Schwendter zwei Typen von Subkultur. Da wären 1. die „Teilkulturen", welche hauptsächlich innerhalb der dominanten Stammkultur wirken. Weiterhin geht er von der Existenz von „Gegenkulturen" aus, welche in Opposition zur herrschenden Stammkultur stehen. Schwendter sieht die „Teilkultur" aber nicht als eigenständige Kultur, die aus der Jugend hervorgeht. Vielmehr geht er davon aus, dass diese eine Kultur für die Jugend ist, bei der eigenständige Ansätze zur Mode deklariert werden und diese im Effekt dann natürlich auch der Kommerzialisierung unterlegen ist. „Da sich Teile der Erwachsenenwelt an dieser Freizeit-, Mode- und Konsumkultur ausrichten, erhält sie einen zusätzlichen Integrationsfaktor, wodurch sie zur dominanten Teilkultur unserer Gesellschaft wird und dieser einen scheinbar puerilen Anstrich verleiht, der wiederum von der Werbung unterstützt wird." (Farin 2001, S.59)
Für diese „Teilkulturen" interessierte sich Schwendter weniger. Das größere Augenmerk legte er auf die „Gegenkulturen", welche er wiederum differenzierte und zwar in „progressive Subkulturen" und in „regressive Subkulturen". Die Unterschiede dieser beiden Subkulturtypen stellt er wie folgt dar.

Bei den progressiven Subkulturen dienen die Normen, Institutionen usw. dazu, den gegenwärtigen Stand der Gesellschaft weiterzutreiben oder sogar aufzuheben. Das Anliegen dieser Art von Subkultur ist es einen grundsätzlichen neuen Gesellschaftszustand zu erarbeiten. Die regressiven Subkulturen dienen im Gegenteil dazu „einen vergangenen Stand der Gesellschaft, Normen, die nicht mehr oder nicht in dieser Weise in der gegenwärtigen Gesellschaft wirksam sind, wiederherzustellen." (Farin, o.a.) Aus diesem Grund ist es den regressiven Subkulturen auch nicht möglich zur Avantgarde zu werden, vielmehr werden sie zu einem Teil der Elite, wodurch sich gleichfalls die Erstellung einer konkreten positiven Utopie erübrigt. Die regressiven Subkulturen haben als Ziel den Austausch der Nutznießer des Standards zu beschleunigen. Im Gegenteil dazu geht es den progressiven Subkulturen vor allem um die Umgestaltung des gesamtgesellschaftlichen Ordnungssystems, was zur Folge hat, dass sie ihre Abneigung gegen das Establishment direkt äußern. Regressive Subkulturen übertragen Missbilligung gesellschaftlicher Zustände eher auf Ersatzobjekte.

Auch bei den Mitgliedern der jeweiligen Subkulturtypen sieht Schwendter Unterschiede. Seiner Meinung nach finden sich bei den progressiven Subkulturen vor allem Mitglieder des Proletariats, also der gesellschaftlichen Unterschicht und teilweise auch der Mittelschicht, ein, die regressiven Subkulturen rekrutieren ihre Mitglieder vor allem aus dem Kleinbürgertum, also der höheren Mittelschicht.

In der Weiterführung seiner Subkulturtheorie konzentrierte sich Schwendter zunehmend auf die progressiven Subkulturen und differenzierte diese wiederum in rationalistische- bzw. emotionelle Subkulturen. Erstere legen, laut Schwendter, großen Wert auf „Analysen, Praxis zur kompakten Majorität und zu freiwilligen Subkulturen hin, Selbstbestimmung sowie konkrete Arbeit an den technologischen Möglichkeiten" (Farin, o.a.) Emotionelle Subkulturen dagegen legen ihre Prioritäten auf das Erwerben der individuellen Freiheit sowie die Entwicklung des individuellen Bewusstseins.

Schwendter sah Subkulturen, im Gegenteil zur Mehrheit der damaligen Subkulturtheoretiker, vor allem als eine gesellschaftsverändernde Kraft.

Trotz der zweifellosen Anwendbarkeit dieser Theorie auf jugendliche Subkulturen, bildeten diese nicht den Mittelpunkt dieser Subkulturtheorie. Anders sieht das bei den Forschungen des Birminghamer Centre for Contemporary Cultural Studies (CCCS) aus.

1.1.2. Die Studien des CCCS

Außer mit der Subkulturtheorie von Schwendter beschäftigte sich Klaus Farin in seinem Buch mit den Studien des CCCS.

Das 1964 gegründete CCCS nahm zum ersten Mal, im Rahmen der Subkulturforschung, die jugendlichen Alltags- und Freizeitkulturen der Nachkriegszeit ernst, was zur Folge hatte, dass die gewonnenen Erkenntnisse auch heute noch einen entscheidenden Einfluss auf die moderne Subkulturforschung haben. „Mit einem geradezu ethnologischen Blick untersuchten die marxistisch orientierten ForscherInnen des CCCS vor allem die proletarischen Subkulturen der 60er bis frühen 80er Jahre." (Farin 2001, S.61)

In der britischen Subkulturforschung standen die Herkunftsmilieus der Jugendlichen im Mittelpunkt des Interesses. Doch obwohl die Ausgangslage eine andere als bei Schwendter war, kamen beide Studien zu ähnlichen Ergebnissen.

Die CCCS erarbeitete zwei Phänotypen der jugendlichen Subkulturen, welche sich in ihren Zielen, Interessen und gesellschaftlichen Wirkungen unterscheiden. Ein Phänotyp wären die Subkulturen der Arbeiterklasse, welche Clarke wie folgt beschreibt: „Die Subkulturen der Arbeiterklasse sind deutlich artikulierte kollektive Strukturen – häufig beinah Gangs. (…) Die Arbeiter-Subkulturen reproduzieren eine klare Dichotomie zwischen jenen Aspekten des Gruppenlebens, die noch ganz unter den Zwängen der dominanten Stamm-Institution stehen, und jenen, die mit der arbeitsfreien Zeit verbunden sind." (Farin, o.a.) So kommt es dazu, dass diese Jugendlichen klare Grenzen zwischen Arbeit und Freizeit ziehen, denn „wer sich in einem permanenten Arbeitsprozess befindet, dem bleibt nur die Freizeit, um einen draufzumachen." (Farin, o.a..) Beispiele für diesen Typ der jugendlichen Subkulturen sind z.B.: die Rocker oder die Hippies.

Das Gegenstück zu den Subkulturen der Arbeiterklasse bilden dann die Gegenkulturen der Mittelschicht. Diese schildert Clarke wie folgt: „Die Gegenkulturen der Mittelklasse sind diffus, weniger Gruppen zentriert, individualistischer. Sie führen nicht zu fest gefügten Subkulturen, sondern zu einem diffusen gegenkulturellen Milieu. (…) Ja, sie zeichnen sich gerade durch den Versuch aus, Alternativen zu den zentralen Institutionen der dominanten Kultur zu erproben: neue Lebensformen, neue Formen des Familienlebens, der

Arbeit und sogar von `Nicht-Karrieren`." (Farin, a.o.) Weiterhin führt Clarke an: „Die Gegenkultur der Mittelschicht war die Avantgarde eines Dissens, der aus ihrer eigenen, dominanten Stammkultur erwuchs. Ihr Rückzug war prinzipiell ideologisch und kulturell. Sie richteten ihren Angriff hauptsächlich gegen jene Institutionen, welche die dominanten kulturellen und ideologischen Beziehungen reproduzieren." (Farin, o.a.)

Die schon genannten Subkulturen der Arbeiterklasse, die Rocker und Hippies, waren die letzten Kulturen bei denen „die relativ schematische Einteilung von Subkulturen entlang sozial eindeutiger Klassen oder Milieus, noch funktionierte." Durch den zunehmenden „soziokulturellen Wandel und den damit verbundenen kulturellen Pluralisierungsprozessen" (Farin 2001, S.70) kam es zu einem „disparaten Bündnis metropolitaner Subkulturen, welchen längst eine Milchstraße von Klassenströmungen, nicht indes eine verbliebene Stammkultur zugrunde liegt." (Farin, o.a.)

Die Erkenntnisse der Subkulturforschung des CCCS galten nicht automatisch auch für Deutschland. Die Lebensstile und Alltagskulturen der (West-) Deutschen Jugendlichen ließen sich weniger eindeutig aus der Milieu- und Klassenperspektive beschreiben. Hinzu kommt, dass keine der relevanten Jugendkulturen seinen Ursprung in Deutschland hatte. Dieses wird bei der folgenden Analyse der deutschen Jugendkulturen zu berücksichtigen sein.

1.2. Jugendsubkulturen heute

Laut Farin existieren Marketingstudien der Industrie, die inzwischen von über 400 Jugendkulturen allein in Deutschland sprechen. In den letzten 25 Jahren ist eine unüberschaubare Artenvielfalt verschiedenster Jugendkulturen entstanden, „mit jeweils eigenem Outfit und eigener Musik, eigener Sprache und eigenen Ritualen, mit zum Teil fließenden Übergängen und gleichzeitig scharf bewachten Grenzlinien, die für Außenstehende oft nicht einmal erkennbar sind." (Farin 2001, S.72)

Doch was sind die Gründe für diese scheinbar explosionsartige Zunahme von jugendlich dominierten Subkulturen und warum wirken sie unvermindert attraktiv auf die Jugend der Gegenwart?

Farin geht davon aus, dass dieser Zuwachs an jugendlichen Subkulturen einherging mit den zunehmenden Individualisierungsprozessen innerhalb unserer Gesellschaft. Seiner Meinung nach veränderten sich in den letzten Jahrzehnten die klassischen Gesellungsformen wie z.b. die Familie, die Kirchengemeinden oder die Nachbarschaft grundlegend. Verantwortlich dafür sind aus seiner Sicht die „Subjektivierungs-, Pluralisierungs- und Globalisierungsprozesse in ökonomischen wie auch in kulturellen Kontexten." (Farin 2001, S.73), welche die bisher vorherrschenden Klassen- und Schichtstrukturen zunehmend ablösen. Ullrich Beck schreibt dazu in seinem Buch „Riskante Freiheiten": „Die individualisierte Gesellschaft produziert Zuwächse und Ansprüche und erschwert gleichzeitig ihre Verwirklichung. Individualisierung meint sowohl die Aufweichung, ja sogar die Auflösung als auch die Ablösung industriegesellschaftlicher Lebensformen durch andere, in denen die Einzelnen ihre Biographie selbst herstellen, inszenieren, zusammenschustern müssen, und zwar ohne die eigene basale Fraglosigkeit sichernden, stabilen sozial-moralischen Milieus." (Beck, 1993, S.179) Dazu kommt, dass es durch die Individualisierungstendenzen der Gesellschaft nicht zur Auflösung sozialer Ungleichheit kommt, sondern vielmehr zur Verschärfung selbiger. Bei den Jugendlichen entsteht nach Meinung Ferchhoffs „ein quasi struktureller Zwang sich selbst zu verwirklichen – das Leben in eigene Regie zu nehmen." Die Jugend der Gegenwart muss sich täglich individuell behaupten und durchsetzen können. Außerdem ist jeder Jugendliche praktisch gezwungen „seine individuelle Einzigartigkeit und Unverwechselbarkeit stets selbst inszenierend unter Beweis zu stellen. Wir sind zur Individualisierung verdammt. Es handelt sich um einen paradoxen Zwang zur Selbstgestaltung und Selbstinszenierung der eigenen Bastelbiographie." (zit. nach Beck, o.a.)

Die Jugendlichen verlieren zusehends Orte mit ideologischer Bindungskraft. Die Schule kann immer weniger den zentralen Sinn ihres Daseins erfüllen, welcher immer noch hauptsächlich in der Qualifizierung der Schüler für die Herausforderungen des Lebens bestehen sollte. Die Kirchen verlieren ebenso ihre Anziehungskraft auf Jugendliche und die Politik büßte ihre Legitimation als moralische Instanz ein, als sich zeigte, dass auch sie nicht in der Lage ist die momentanen gesellschaftlichen Probleme adäquat zu lösen.

Es kann also festgehalten werden, dass durch die gesellschaftlichen Individualisierungsprozesse eine Vermehrung der Handlungsressourcen und - optionen stattfindet. Das führt aber gleichzeitig zu einem „höheren Risikofaktor sowie der Notwendigkeit, in einer zunehmend komplexeren Welt seine Positionierung selbst vorzunehmen." (Farin 2001, S.87)

Die herkömmlichen Gesellschaftsformen sind immer weniger in der Lage den jugendlichen Ansprüchen an diese komplexe Welt gerecht zu werden. Das führt dazu, dass sich der Einzelne selbstständig auf die Suche nach modernen Teilzeit-Gemeinschaften machen muss. „Die Jugendkulturen befriedigen dieses Bedürfnis nach temporären Sinn-Gemeinschaften, sie bringen Ordnung und Orientierung in die überbordende Flut neuer Erlebniswelten." (Farin, o.a.) Jugendkulturen bieten durch eine künstliche aber strikte Grenzziehung einen geschützten Raum, welcher die verwirrende Außenwelt auf Distanz hält. Sie geben den Jugendlichen das Gefühl von Sicherheit und Zugehörigkeit.

1.3. Jugendliche Szenen als Subkulturen

Durch die schon beschriebene zunehmende Verpflichtung der Jugendlichen sich in einem immer komplexer werdenden Systemwerk selbstständig positionieren zu müssen, sind diese einem besonders hohen gesellschaftlichen Erwartungsdruck ausgesetzt. Zwar verschafft ihnen die Verlängerung der Schul- und Ausbildungszeit zunächst einen größeren Freiraum, „allerdings stellt sich dieser Freiraum als zwiespältiges Moratorium dar, an dessen - immer unklarer werdendem, gleichwohl aber anvisiertem - Ende im kulturell und politisch erwünschten Normalfall schließlich unter anderem dann offenbar doch (wieder) jene Kompetenzen erworben sein sollen, die den Zugang zur Sonnenseite der Individualisierung möglich machen". (Hitzler 2001, S.15)

Diese neue individualisierte Form der Vergemeinschaftung wird für die Jugendlichen zu einer „zunehmend kompetent gehandhabten Selbstverständlichkeit", (Hitzler 2001, S.18) was im Effekt dazu führt, dass die heutige Jugend immer weniger herkömmliche Sozialisationsagenturen sucht und findet. Einen Lebenssinn findet der Jugendliche der Gegenwart hauptsächlich in relativ autonomen freizeitlichen Sozialräumen. „Und sie finden ihn hier –

sozusagen jederzeit frisch verpackt – in der ästhetischen Gewandung der je angesagten, posttraditionalen Gemeinschaft." (Hitzler, o.a.)

Ein heutzutage üblicher Begriff für eine solche posttraditionale Gemeinschaft ist der Begriff Szene. Nach der Definition von Hitzler ist eine solche Szene ein „thematisch fokussiertes kulturelles Netzwerk von Personen, die bestimmte materiale und/oder mentale Formen der kollektiven Selbststilisierung teilen und Gemeinsamkeiten an typischen Orten und zu typischen Zeiten interaktiv stabilisieren und weiterentwickeln."(Hitzler, o.a.)

Um das Phänomen jugendlicher Szenen genauer einordnen zu können, hat Hitzler die folgenden 12 Merkmale beschrieben:

1. Szenen sind Gesinnungsgemeinschaften

Jugendliche suchen heutzutage Verbündete mit denselben Neigungen, Interessen und Vorstellungen. Da diese immer weniger in den traditionellen Sozialisationsinstanzen (Familie, Kirche, Nachbarschaft usw.) zu finden sind, bilden die Jugendszenen einen geeigneten Ersatz.

2. Szenen sind thematisch fokussierte soziale Netzwerke

Jede Szene verfügt über ein zentrales Thema, auf das die Aktivitäten einer Jugendszene ausgerichtet sind. Dieses Thema kann thematisch stark variieren. So kann das Identifikationsmerkmal einer Szene, z.B. ein bestimmter Musikstil sein, eine politische Idee, eine Sportart oder eine bestimmte Weltanschauung. „Thematische Fokussierung meint die Vorfindlichkeit eines mehr oder weniger präzise bestimmten Rahmens, auf den sich Gemeinsamkeiten von Einstellungen, Präferenzen und Handlungsweisen der Szenemitglieder beziehen." (Hitzler 2001, S.21)

3. Szenen sind kommunikative und interaktive Teilzeitgesellungsformen

Die Existenz einer Szene ist gebunden an kommunikative Erzeugung gemeinsamer Interessen sowie an die kommunikative Vergewisserung derjenigen. „Vor allem in diesem Sinne lässt sich eine Szene mithin als Netzwerk von Personen verstehen, die bestimmte materiale und/oder mentale Formen der kollektiven (Selbst-) Stilisierung teilen und diese Gemeinsamkeiten kommunikativ stabilisieren, modifizieren oder transformieren.

4. Szenen dienen der sozialen Verortung

„Szenen ermöglichen aufgrund ihrer typischen Zeichen, Symbole, Rituale, Verhaltensweisen usw. die soziale Verortung, die sozusagen kategorische Zu- und Einordnung von durch sie assoziierten Individuen." (Hitzler, o.a.)

5. Szenen haben ihre je eigene Kultur.

Um sich einer Szene zugehörig fühlen zu können, reicht erst mal ein Interesse an den jeweiligen Verhaltensweisen, Attribuierungen, Wissensbeständen, Relevanzen usw. aus. „Volle Teilhabe bzw. Mitgliedschaft allerdings lässt sich erst durch Aneignung und kompetente Anwendung szenetypischer Kultur- Know-hows erreichen." (Hitzler, o.a.)

6. Szenen sind labile Gebilde

In dem Großteil der heutigen Jugendszenen existieren kaum eigene, vernünftige Sanktionsinstanzen zur Kontrolle des szenekonformen Verhaltenscodes, bzw. zur Verhinderung von Ein- und Austritten. Da die Zugehörigkeit zu einer Szene jederzeit kündbar ist, weil diese auf einer freiwilligen Selbstbindung beruht und da die durch die Szene fokussierten Interessengebiete für die Mitglieder nicht zwangsläufig ein Leben lang attraktiv sein müssen, sind derzeitige Jugendszenen ausgesprochen labile Gebilde.

7. Szenen haben typische Treffpunkte

„Der Labilität des Wir-Bewusstseins wegen sind verlässliche Szenetreffpunkte von großer Bedeutung: Dort manifestieren und reproduzieren sich nicht nur die Kultur der Szene, sondern eben auch das subjektive Zugehörigkeitsgefühl des Mitglieds." (Hitzler 2001, S.24)

8. Szenen sind Netzwerke von Gruppen

Jedes Mitglied einer Jugendszene ist in mindestens eine Gruppierung innerhalb der Szene eingebunden, welche aber trotzdem Teil der Szene ist. Durch die entstehende gruppenübergreifende Kommunikation ist es nicht zwingend notwendig sich innerhalb der Szene persönlich zu kennen. Mitglieder einer

Jugendszene erkennen sich vielmehr an typischen Merkmalen und interagieren in szenespezifischer Weise.

9. Szenen sind vororganisierte Erfahrungsräume

Ein wichtiges und unverzichtbares Element einer jeden Szene sind so genannte Events. „Event soll – vorläufig – heißen: eine vororganisierte Veranstaltung, bei der unterschiedliche Unterhaltungsangebote nach szenetypischen ästhetischen Kriterien kompiliert oder synthetisiert werden, wodurch idealer weise ein interaktives Spektakel zustande kommt, das in der Regel mit dem Anspruch einhergeht, den Teilnehmern ein totales Erlebnis zu bieten. Die zumindest latente Funktion auch und gerade eines Events ist die Aktualisierung, Herstellung und Intensivierung von Wir-Gefühl." (Hitzler 2001, S.26)

10. Szenen strukturieren sich um Organisationseliten

Die Gruppen innerhalb einer Szene bilden sich nicht nur nach geographischen oder sprachlichen Maßstäben aus, sondern ebenso entlang funktionaler Leistungserbringung. Diese so genannten Organisationseliten bestehen größtenteils aus langjährigen Szeneangehörigen, welche zumeist einen großen Anteil am Bestehen und Aussehen der jeweiligen Szene haben. Hitzler unterscheidet 3 Gruppen. Das wäre 1. die kleine Gruppe oder Elite des Szenekerns, welche meistens auch gleichzeitig die Organisationselite stellt. Die 2. etwas größere Gruppe besteht aus den „Friends" oder „Heavy-Usern" und die letzte größte Gruppierung bilden die „normalen Szenegänger".

„Organisationseliten bilden eine Art Szenemotor insofern, als die Rahmenbedingungen szenetypischer Erlebnisangebote in erster Linie dort produziert werden und auch Innovationen sehr oft ihren Ursprung dort haben." (Hitzler 2001, S.27) Trotzdem gilt grundsätzlich, dass scharfe Gruppen- oder Szenegrenzen eigentlich nicht existieren, denn viele Szenegänger stehen in Kontakt mit Mitgliedern anderer Gruppen und sind einer konkreten Gruppierung kaum zuzuordnen. Diese Offenheit und Durchlässigkeit ist eines der Hauptmerkmale von Szenen und trägt zu einem großen Teil auch zur Attraktivität von Jugendszenen teil.

11. Szenen sind dynamisch

Jedes Szenegeschehen ist in soweit dynamisch, dass es den Organisationseliten gelingen muss Events zu schaffen, welche den „Harten Kern" zufrieden stellen. Das gelingt meistens nur mit einer entsprechenden Exklusivität der jeweiligen Veranstaltung, aber trotzdem muss eine Zugänglichkeit des Events auch für die eher sporadischen Szenegänger geschaffen werden. „Wenn es aber zutrifft, dass keine noch so professionelle Organisation den von ihr je produzierten bzw. produzierbaren Event-Typus mehr dauerhaft und massenhaft bindend institutionalisieren kann, dann folgt daraus, dass in Zukunft die einzige kulturelle Stabilität von Szenen im Wechsel prinzipiell instabiler Trend bzw. Moden bestehen dürfte." (Hitzler 2001, S.29)

12. Szenen liegen quer zu bisherigen Gesellungsformen und großen gesellschaftlichen Institutionen

Szenen könnten sich als Gesellungsformen erweisen, die quer liegen zu den bisherigen institutionell gestützten und verfassten Gesellschaftsbereichen. „Dementsprechend zeichnen sich Szenen mehr und mehr als jene Orte im sozialen Raum ab, an denen Identitäten, Kompetenzen und Relevanzhierarchien aufgebaut und interaktiv stabilisiert werden, welche die Chancen zur gelingenden Bewältigung des je eigenen Lebens über die Dauer der Szene-Vergemeinschaftung hinaus erhöhen könne." (Hitzler, o.a.)

1.4. Kultur als Distinktionsleitung nach Bourdieu

In seinem Hauptwerk *Die feinen Unterschiede* aus dem Jahr 1979 hat Pierre Bourdieu die Grundannahme gesetzt, dass das Schöne und allgemein als Kultur akzeptierte nicht nur durch reines Wohlgefallen entsteht. Bourdieu ist der Meinung, dass der kulturelle Wert von Objekten, Musikstilen oder Kunstrichtungen sich durch soziale Prozesse ergibt. „Für ihn sind ästhetische Wertschätzungen durchzogen von Kämpfen um die Legitimität des Geschmacks, sie sind jedenfalls weder objektiv vorgegeben, noch etwas nur individuelles." (Rehberg 2001, S.67) Weiterhin schreibt er, dass „ein umfassendes Verständnis des kulturellen Konsums erst dann gewährleistet ist, wenn *Kultur* im eingeschränkten und normativen Sinn von *Bildung* dem globaleren ethnologischen

Begriff von *Kultur* eingefügt und noch der raffinierteste Geschmack für erlesenste Objekte wieder mit dem elementaren Schmecken von Zunge und Gaumen verknüpft wird." (Bourdieu 1987, S.17) Die Bevorzugung einer bestimmten Kultur ist seiner Meinung nach also nicht angeboren oder in der Natur des jeweiligen Menschen vorhanden, sondern sie ist sozialisationsbedingt. So schreibt er, dass nicht nur die kulturelle Praxis, wie zum Beispiel der Besuch bestimmter Museen, Ausstellungen oder Konzerte sondern auch die Vorliebe für besondere Musikstile oder Literatur primär mit dem Ausbildungsgrad und sekundär mit der sozialen Herkunft zusammenhängt. „Tatsächlich erweist sich der Einfluss der sozialen Herkunft niemals durchschlagender als gerade in bezug auf *freie Bildung* oder avantgardistische Kultur." (Bourdieu 1987, S 18) Nach Bourdieu reflektieren Einstellungen zu bestimmten Kunstformen auch immer aktuelle soziale Positionen. Somit verweisen sie gleichzeitig auch auf die Gesellschaftsstruktur als ganzes. So wird zum beispielsweise klassische Musik oder abstrakte Kunst eher von Mitgliedern gehobener Sozialschichten und Bildungsgrade konsumiert. Das hängt damit zusammen, dass diese sozialen Schichten in ihrer Ausbildung oft schon gewisse Grundkenntnisse über diese Kunstformen erfahren haben und sich somit auch ein ganz anderes individuelles Aufnahmepotenzial entwickelt hat. Menschen mit weniger hohen Bildungsabschlüssen oder aus unteren Schichten bevorzugen eher leichter zu verstehende Kunstwerke oder Musikstücke, weil sie von Kunst und Kultur eher unterhalten werden wollen. Aber warum bevorzugen besser ausgebildete Mitglieder der oberen Schichten andere Kunstwerke als Mitglieder der unteren sozialen Schichten? „Nach Bourdieu ist es keineswegs nur so, dass kultureller Geschmack von sozialen Positionen beeinflusst wird, sondern das kulturelle Praktiken ein entscheidendes Medium im Prozess der Herstellung und Verfestigung sozialer Ungleichheit sind, dass Klassen- bzw. Standesunterschiede in einem Feld sozialer Abgrenzungspraktiken verankert sind." (Rehberg 2001, S. 68) So werden Distinktionsleistungen zu einem zentralen Medium der darstellenden Erzeugung von Geltungshierarchien. Bourdieu versucht so zu vermitteln, dass nicht nur das ökonomische Kapital Macht und Einfluss vermitteln kann, sondern, dass auch kulturelles Kapital entscheidend sein kann. Die sozialen Eliten sind zwar maßgebend für den legitimen Geschmack und definieren diesen auch, aber auch untere Schichten können ihr kulturelles Kapital ihren Wünschen entsprechend nutzen.

Bourdieu unterscheidet in seinem Werk drei Arten von Kultur. Da wäre erstens die legitime Kultur (bei ihm auch Hochkultur, oder als solche auch die herrschende Kultur), die mittlere Kultur und als drittes die Subkultur. Die Subkultur wäre dabei die Kultur der kleinen Leute, wie zum Beispiel Laientheater oder Graffiti, welche dementsprechend dann als Medium der Abgrenzung und Erzeugung von Geltungshierarchien genutzt wird.

2. Die Bedeutung von Peer-Groups

Eine wachsende Bedeutung für den Sozialisationsprozess von Jugendlichen und damit auch für die Entstehung und Ausbildung von Subkulturen sowie jugendkulturellen Szenen haben die Gleichaltrigengruppen, die so genannten Peer-Groups. Diese besitzen wichtige Funktionen als Sozialisationsinstanz sowie als Indikator für derzeitige gesellschaftliche Problemlagen.

2.1. Die Peer-Groups als Sozialisationsinstanz

Diese Peer-Groups übernehmen, laut Baacke, für immer mehr Kinder und Jugendliche „zu einem immer früheren Zeitpunkt ihrer Biographie sozialisierende Funktionen. (…) denn offenbar sind Familie, Schule oder andere pädagogische Einrichtungen nicht mehr in der Lage, Jugendlichen in allen Fällen und in allen Bereichen das Maß an Orientierung zu geben und ihnen die Befriedigung zu gewähren, die sie für ihr Leben brauchen." (Baacke, 1982, S.468) So herrscht in der Jugendforschung, trotz zahlreicher Diskussionsbeiträge, eine große Übereinstimmung darüber, dass die Phase der Jugend als Übergangsphase in die Erwachsenenwelt gewissermaßen sekundär, mit Hilfe der Peer-Groups, institutionalisiert wird.

So sind die Gruppen Gleichaltriger nach Aussage Bohnsacks „als der soziale Ort anzusehen, an dem genuin jugendliche Orientierungen innerhalb und in Auseinandersetzung mit der Gesellschaft zur Entfaltung und zur Artikulation gelangen." (Bohnsack,1989 S.10) Bohnsack beschreibt Peer-Groups Unter Zuhilfenahme von Mannheim, Parson und Erikson als den sozialen Ort „jugendspezifischer Erfahrungsbildung und Selbstverortung in generationsspezifischer Hinsicht, in Bezug auf die institutionelle Integration, wie auch in Bezug auf die Adoleszenzentwicklung." (Bohnsack, 1989, S.11) Außerdem weist er daraufhin, dass die Gruppen der Gleichaltrigen der entscheidende Ort jugendspezifischer Erfahrungsbildung sind, weil dort im kommunikativen Diskurs gemeinsame Probleme besprochen und aufgearbeitet werden.

Laut Jantzer und Krieger besitzen Peer-Groups zahlreiche Aufgaben. So helfen sie bei der Entwicklung von eigenständigen und tragfähigen Orientierungsmustern sowie beim Anstreben und Erreichen von Verhaltenssicherheit. Außerdem herrscht in Peer-Groups, ihrer Meinung nach, ein hohes Maß an Sensibilität und Offenheit, und ein emotionaler Rückhalt ermöglicht Stabilität während einer instabilen Phase. Gleichaltrigengruppen vermitteln Sicherheit und tragen zur Anerkennung des jugendspezifischen Status bei, außerdem bieten sie einen Raum zur Erprobung abweichender Verhaltensweisen. Die individuelle Sozialisationsgeschichte erfährt eine Nivellierung in der Gruppe, was zur persönlichen Identitätsentwicklung beitragen kann. Es werden eigene Wertvorstellungen entwickelt, welche sogleich auch internalisiert werden können. Die Peer-Group ist eine wichtige Sozialisationsinstanz und zeigt, dass das Leben nicht nur in der Schule oder auf Arbeit stattfindet, sie bietet Alternativen zur existierenden Arbeitsgesellschaft. In Gleichaltrigengruppen herrscht größtenteils Solidarität, und trotzdem enthält sie genug Freiraum, um nach Exzentrischem zu streben und sich so selbst darstellen zu können. Peer-Groups schaffen kollektive Geborgenheitserlebnisse und tragen zur Entstehung eines ausgeprägten Wir-Gefühls bei, sie schaffen Räume zur Erprobung erotischer Bedürfnisse und tragen zur Klärung der Geschlechterrolle bei.

Die Bedeutung von Peer-Groups im außerschulischen Bereich ist, wie schon beschrieben, ausgesprochen groß. Das trägt dazu bei, dass es unzählige Ausformungen und Variationen in nicht zählbaren Ausmaßen gibt. Trotzdem können Gemeinsamkeiten bei Gleichaltrigengruppen festgestellt werden. Baacke führt dabei an, dass diese Gruppen „für ihre Mitglieder eine emotional entschieden größere Bedeutung als andere Gruppen wie z.B. Schulkassen oder Betriebsgruppen" (Jantzer/ Krieger, 1995 S. 15) besitzen. Er erwähnt außerdem, dass Peer-Groups zu Extremen neigen, sie sind entweder stark gefährdet oder extrem stabil. Das kann zu großen Belastungen für die Gruppe und den Einzelnen führen, denn teilweise hat dieses Verhalten eine Abschottung nach Außen zur

Folge oder es entsteht aufgrund narzisstischer Kränkungen eine Angst davor, sich in der Gruppe zu blamieren. Dadurch, dass Gleichaltrigengruppen zum Großteil im positiv besetzten Freizeitbereich angesiedelt sind, führen sie zu einer psychischen Entlastung und zu einem Ausgleich zum Arbeits- bzw. Schulleben. Die subjektiv psychische Bedeutung der Peer-Groups beschreibt Baacke mit den Stichwörtern: Originalität, Narzissmus, Identifikation, Identität sowie Jugendzentrismus. Eine weitere Gemeinsamkeit von Gleichaltrigengruppen ist, dass sie eigene, durch ihre Kulturen geprägte, Wahrnehmungswelten produzieren sowie neue ästhetische Standards in ihrer Gruppe setzen. „Es entstehen kulturelle Muster einer alternativen Gesellschaft und Vorwegnahmen von Utopien." (Jantzer/ Krieger, 1995, S. 16)

2.2. Die Peer-Group als Indikator für gesellschaftliche Probleme

Peer-Groups greifen, nach Baacke, aber nicht eigene Probleme auf, sondern können durchaus auch als Indikator für aktuelle gesellschaftliche Probleme genutzt werden, denn nicht selten sind Peer-Groups für die Jugendlichen die entscheidenden Produzenten von Sinn in einer orientierungslosen Gesellschaft. Sie unterstützen die Jugendlichen dabei moralische Gerüste zum Festhalten aufzubauen und zu erhalten, sie helfen dabei die eigenen Standpunkte, aufgrund persönlicher Überzeugungen und des gelebten Lebensstils, in der Öffentlichkeit zu vertreten. Gleichaltrigengruppen besitzen die Fähigkeit gesellschaftliche Missstände zu registrieren, und sie können als moralischer Maßstab genutzt werden. „Sie können aber auch Tendenzen eines jugendlichen Hedonismus und Narzissmus, von Hass und Menschenverachtung usw. verstärken und bis zur Eskalation bringen." (Jantzer/ Krieger, 1995, S. 17)

2.3. Der Zusammenhang von Subkulturen und Peer-Groups

Wie beschrieben dienen Peer-Groups vor allem zur Definition der eigenen Identität, dabei geraten die Jugendlichen des Öfteren in Konflikte mit der Macht und der Erwartung der Eltern, aber genau dieses Zusammenspiel von elterlichem Erwartungsdruck und dem jugendlichen Drang sich diesem zu widersetzen trägt in großem Maße zur Bildung einer individuellen Persönlichkeit bei. Die

Heranwachsenden wollen sich von den Erwachsenen ihrer Umgebung und ihres Kulturkreises abheben. Sie testen dabei oft die Grenzen des Erlaubten aus und entwickeln dabei ihre eigenen spezifischen Norm- und Wertvorstellungen. Auch in Fragen des Geschmacks, wie etwa der Mode und musikalischen Vorlieben, widersetzen sich Jugendliche häufig der elterlichen Macht. An diesem Punkt kommen dann die Subkulturen ins Spiel zur Abgrenzung und Identitätskontrolle. Subkulturen bieten den Heranwachsenden Alternativen zur Kultur der Erwachsenen an, welche zum Großteil den kulturellen Mainstream darstellt. Subkulturen bieten genügend Potential zur Abgrenzung. So beinhalten sie meistens eigene Kleidungsstile, spezielle Variationen oder Neuentwicklungen von Musik und Ausdrucksformen, sei es durch Sprache oder Gestik. „Sie benutzen diese kollektiven symbolischen Handlungen, um sich in ihrem konfusen Zustand zu orientieren, um sich ein neues Eigenes Urteil zu bilden, ihre Denkweisen zu formen und ihr Verhalten zu steuern." (Geulen 2001, S. 137) Subkulturen bilden dabei nicht selten den Anlass und die Wurzeln aus denen sich jugendliche Peer-Groups entwickeln. Denn vor allem Jugendliche in Peer-Groups „sind aktive und öffentlich in besonderer Weise sichtbare Erfinder subkultureller Praktiken, deren Kristallisationskern sich etwa in einer bestimmten Musikkultur herausbilden kann und in denen sich unterschiedliche Abgrenzungen von der Welt der Erwachsenen ebenso wie von der Welt der Kinder ausdrücken." (Rehberg 2001, S. 83) Subkulturen müssen den an ihnen interessierten Menschen Möglichkeiten der Identifikation mit ihrer Existenz, ihren Mitgliedern und den speziellen Lebensweisen geben. Es müssen sich Möglichkeiten der internen Kommunikation öffnen, welche sowohl in unmittelbarer als auch in direkter Interaktion wirken können. Dazu können Massenmedien, wie das Radio oder das Fernsehen genutzt werden, aber auch Peer-Groups bieten einen wichtigen Anlaufpunkt für die entsprechende Kommunikation von Angehörigen und Sympathisanten einer Subkultur. Dadurch werden eigenständige symbolische Handlungswelten erzeugt, die das Erproben von abweichendem Verhalten, die Entwicklung eigenständiger Orientierungsmuster sowie eine persönliche Identitätsbildung begünstigen. Dabei leben Subkulturen und Peer-Groups vor, wie so ein Leben nach ihren eigenen Wertvorstellungen aussehen müsste, oder sie wollen zumindest durch Provokation die eingefahrenen Regeln der Mehrheit irritieren und zum Nachdenken über sie anregen.

Subkulturen und Peer-Groups verfolgen also ähnliche Ziele und nicht selten würde das Eine ohne das Andere wohl gar nicht existieren, wie z.B. die Hip-Hop-Clique, die sich nach der Schule trifft, um gemeinsam zu rappen. Oder Breakdancer, die gegen andere Crews mit ihren akrobatischen Bewegungen kämpfen. Sehr deutlich kann man den Zusammenhang von Peer-Groups und Subkulturen auch an Graffitiwritern erkennen. Denn diese organisieren sich meisten in kleineren Peer-Groups (Crews), welche sich dann im legalen Wettstreit messen oder versuchen sich gegenseitig die gefährlichsten illegalen Stellen wegzuschnappen. Natürlich ist dieser Zusammenhang nicht nur auf die Hip-Hop-Kultur übertragbar, fast jede andere jugendliche Subkultur funktioniert in diesem Zusammenspiel, seien es Heavy Metal-Fans, Skinheads oder Grufftis.

3. Musik als Leitmedium von Jugendszenen und -subkulturen

Da diese Arbeit sich hauptsächlich mit einer Jugendsubkultur beschäftigt, die ohne die entsprechende Musik wahrscheinlich gar nicht existieren würde, ist es von entscheidender Wichtigkeit die Bedeutung von Musik für das Leben von Jugendlichen heraus zu kristallisieren. Klaus Farin schreibt dazu in seinem Buch „Generation Kick.de": „Die Musik ist das Leitmedium aller Jugendkulturen. Musik gibt die Geschwindigkeit, den Rhythmus des Lebens in den Szenen vor, beeinflusst die Stimmung und transportiert die Szenephilosophie." (Farin 2001, S.92)

3.1. Geschichte der Musik

Musik war zwar nicht immer so allgegenwärtig, wie wir es derzeit erleben, aber trotzdem gehörte sie schon immer zum Leben der Menschen dazu und begleitete sie durch die entsprechenden Lebensphasen.

Wenn man einen kurzen Blick auf die Geschichte der Musik wirft, fällt auf, dass sich Menschen schon seit Jahrhunderten über Musik ausdrücken, identifizieren oder sie einfach als Genussmittel betrachten.

Musik wurde, laut der griechischen Wortbedeutung von „Musike", als Einheit von Dichtung, Tanz und Tonkunst, die ein Rhythmus verbindet, verstanden, aber auch als Theorie des Klanges sowie als mathematische Disziplin. Hinzu kam noch die

Lehre und Wissenschaft von der Harmonie, als philosophischer Überbau der Musikerkunst. „Schon die ersten Wesensbestimmungen der Musik als Phänomen des Klanges finden sich in Legende und Mythos. Musik ist von magischer Gewalt, die Menschen und die äußere Natur bezwingen und Götter und Dämonen beschwichtigen." (Baacke 1998, S.10) In der griechischen Philosophie spielte die Musik eine ebenso große Rolle. Pythagoras war zum Beispiel der Meinung, dass das Sein der Dinge und der Welt Harmonie ist, eine Einigung des Verschiedenen, und diese Harmonie wiederum ist ein Verhältnis von Zahlen. Außerdem lehrte er, dass die natürliche Welt und die Seele des Menschen, beherrscht vom gleichen Vernunftsprinzip, über Musik als Klang in Korrespondenz treten. Platon hat diese Meinung übernommen, aber praktisch gewendet und pädagogischer betrachtet. „Die Macht der Musik baut für ihn die Sittlichkeit des Menschen auf, kann sie aber auch gefährden. Darum muss gerade das Musikalische der Musik, das Melos, einer ethischen Prüfung unterzogen werden. Jede Harmonie repräsentieret ein Ethos, eine seelische Haltung und eine Gesinnung, die dem Hörer eingeprägt werden können." (Baacke, o.a.)

Im Mittelalter wurde Musik dann immer stärker zu einer universalen Ordnungswissenschaft. Im Bildungssystem der artes liberales erhält die Musik einen festen Platz, weil sie der mathematischen Verstandeswissenschaft und dem Herzen zugleich verbunden ist. „Die im Kultus zugelassene Musik repräsentiert für die Kirchenväter, etwa über den Psalmengesang, den Gesang der Engel und der Heiligen und die Reinigung der Seele für den heiligen Geist." (Baacke, o.a.)

Die Neuzeit bringt dann eine zunehmende Subjektivierung des Musikerlebnisses mit sich und mit der Entstehung der Kunstphilosophie und Ästhetik im 18. Jahrhundert gerät die Musik in einen neuen Zusammenhang. Musik wechselt aus dem Bereich der Wissenschaft in den Kreis der schönen Künste „und wird damit zu einem primär oder ausschließlich ästhetischem Phänomen." (Baacke, o.a.) Die bildende Kunst der damaligen Zeit beschäftigt sich in erster Linie mit der Nachahmung der äußeren sichtbaren Natur. Die unsichtbare, innere Natur des Menschen, sein Gemüt und seine Leidenschaften werden immer mehr Inhalt des musikalischen Ausdrucks, was bis in die Gegenwart hinein auch so beibehalten worden ist.

Musik ist heute mehr denn je ein Mittel, um den jeweiligen Gefühlszustand auszudrücken, welches besonders für Jugendliche einen hohen Stellenwert in ihrem Leben besitzt. Musik ist in der heutigen Zeit „nicht nur eine Kunstgattung eigenen Ausdrucks, sondern eine Tätigkeit mit Ausdruck, etwa in der Form des Singens, und auch in der puren Rezeption, allein, in kleiner Gruppe oder im entgrenzenden Rockkonzert, stimuliert sie intrapsychische Vorgänge, die als Entgrenzungserfahrung, als Stabilisierungshilfe, als Kontaktbrücke schwer formulierbar sind." (Baacke 1998, S.12)

3.2. Jugend und Musik

Warum nimmt gerade Musik einen so hohen Stellenwert im Leben und in der Entwicklung Jugendlicher ein? Wie kommt es, dass sich viele Jugendliche über einen bestimmten Musikstil identifizieren und ihr Leben teilweise um die Musik herum gestalten und nicht umgekehrt?

Im „Handbuch der Musik" argumentiert Baacke folgendermaßen. Er vertritt die Meinung, dass sich Kinder, bis zum Beginn der Pubertät, noch sehr stark am Geschmack der Eltern orientieren. Natürlich nicht nur musikalisch, aber eben auch. Im höheren Alter bzw. mit fortschreitender Pubertät entsteht bei dem Großteil der Jugend das Bedürfnis sich von der Abhängigkeit des Elternhauses zu lösen. In dieser Zeit geht es den Jugendlichen darum, eigene neue Erfahrungs- und Erlebnisräume zu entdecken und zu erobern. Sie wollen den Übergang zum Erwachsensein selbstständig und eigenverantwortlich gestalten. Nachdem, während der Kindheit, die Schule eine der wichtigsten Sozialisationsinstanzen darstellte, ändert sich das meistens im Laufe der Pubertät. An Stelle der Schule tritt nun häufig der Freundeskreis, welcher zumeist aus ungefähr gleichaltrigen Freunden und Schulkameraden besteht. Diese Peer-Groups bekommen im jugendlichen Leben eine wachsende Bedeutung. Sie verdrängen zwar in den meisten Fällen nicht den Einfluss des Elternhauses, aber zumindest relativieren sie diesen. Natürlich gibt es weiterhin Themengebiete, wie z.B. die Schule, Ausbildung, Finanzen, bei denen das Urteil der Eltern maßgebend bleibt, aber andere entscheidende Themen werden hauptsächlich im Freundeskreis diskutiert und versucht zu lösen. So stellt die Peer-Group bei Beziehungsproblemen, bei Fragen der Sexualität sowie bei psychischen und seelischen Konflikten einen wichtigen Orientierungsraum zur Verfügung. „Gerade in Bereichen der Ich-Findung und der Bewältigung emotionaler Inanspruchnahme spielen Freundinnen und Freunde eine wesentliche Rolle. Es sind die Gleichaltrigengruppen, in denen nun auch vorwiegend Musik gehört wird – eine Musik die immer wieder zu Abgrenzungs- und Neuorientierungserfahrungen führt. Es sind die sensiblen Jahre, in denen das soziale Beziehungsgeflecht sich neu strukturiert, und genau hier ist es die Musik, die in verstärktem Maße nicht nur Situationen klanglich grundiert, sondern emotionale Stimuli oder auch emotionale Verarbeitungshilfen bietet – etwa, wenn eine Schülerin sich nach belastenden Auseinandersetzungen in der Schule in die Klangwelt des Pop zurückziehen kann." (Baacke 2001, S. 14) Das führt dazu, dass Jugendliche mehr als nur einfache Musikkonsumenten sind, vielmehr ist Musik ein entscheidender Bestandteil ihrer Existenzerfahrungen. Musik „wird damit nicht als kultureller Teilbereich erfahren, sondern als ganzheitliches, lebensweltübergreifendes Spektrum, in dessen Brechungen die Suche nach dem Ich ihre Orientierungsmuster wählt. (Baacke, o.a.)

4. Hip-Hop

Neue Popkulturen entstehen, begleitet und gefördert von der Medien- und Kulturindustrie, auf der ganzen Welt und nisten sich in die privaten Haushalte und öffentlichen Fernsehsender ein, so auch die relativ neue Hip-Hop-Kultur.

Der als Subkultur, in den frühen 70er Jahren in der New Yorker Bronx, entstandene Hip-Hop gehört mittlerweile zu den erfolgreichsten kommerziellen Musikstilen der Gegenwart und bestimmt so die Freizeit und teilweise auch das Leben zahlreicher Jugendlicher. Das derzeit medial vermittelte Bild von Hip Hop in Deutschland ist dominiert von amerikanischen Rap-Stars, die mit Goldketten umhängt in teuren Autos fahren, von zahllosen Frauen begehrt werden und scheinbar endlos über Geld verfügen. Die deutsche Hip-Hop-Szene hat sich diesem Auftreten praktisch nahtlos angeschlossen. Sie kopiert amerikanische Gesten, Rituale, Reimtechniken und Kleidungsstile und nur wer dieses am besten beherrscht, hat eine Chance die kommerziellen Radio- und Fernsehsender zu erreichen und somit auch das zahlende Publikum. Nichtsdestotrotz erfreut sich dieser Musikstil einer anhaltenden Beliebtheit und besetzt regelmäßig wichtige Positionen in den deutschen Media-Control-Charts. Hip-Hop ist somit für einen Großteil der heutigen Jugendlichen zu einem ständigen Begleiter ihres täglichen Lebens geworden. Dabei gibt es natürlich Unterschiede in der Art des

Musikkonsums. Einerseits gibt es Jugendliche, die diese Musik nur konsumieren, aber andererseits gibt es auch eine Vielzahl Heranwachsender, für die diese Kultur mehr bedeutet, für die Hip-Hop-Musik ein Hauptbestandteil ihres Leben ist, über den sie sich identifizieren und mit dem sie sich ihre Umwelt aneignen und diese versuchen zu verstehen. Aus diesem Grund wird das Verständnis dieser jugendlichen Subkultur für die Jugendarbeit auch immer wichtiger. Denn aus den meisten Jugendclubs dröhnen die Bässe von Hip-Hop-CDs und in jeder Schule laufen Jugendliche in zu weiten Hosen und T-Shirts über den Pausenhof. Kurz gesagt, Hip-Hop ist mittlerweile für viele Jugendliche ein attraktiver Ort der Identitätsbildung geworden und verdient, nicht zuletzt deswegen, eine große Beachtung bei der Jugendarbeit.

Da ein Verständnis und damit auch ein sinnvoller Umgang mit einer Jugendkultur nur stattfinden kann, wenn man versucht zu verstehen wie und warum die jeweilige Subkultur entstanden ist, möchte ich im Folgenden auf die Wurzeln der Hip-Hop-Bewegung eingehen.

4.1. Die Wurzeln der Hip-Hop-Kultur

Die Begriffe Hip-Hop und Rap Musik werden meist synonym benutzt, jedoch umfassen diese in Wirklichkeit einen umfassenden kulturellen Komplex, der größer als Rap ist. Er umfasst Breakdance, Graffiti und auch dazukommend einen stilisierten, aber lässigen Kleidungsstil. Außerdem muss noch das DJing als eigene musikalische Ausdrucksform beachtet werden.

Die Wurzeln dieser Kultur reichen viele Generationen zurück und sind eng mit der Sklaverei der Afroamerikaner in den USA verbunden. Rap ist dabei nur das vorläufig letzte Glied einer langen Kette von *schwarzen* musikalischen Ausdrucksformen, die eine besondere Rolle bei der Artikulation von kultureller Differenz und Widerständigkeit spielten. Der Blues sowie der Soul sind, zum Beispiel, wichtige Bestandteile und Geburtsvorrausetzungen der Hip-Hop-Kultur, denn in ihnen fanden die Afroamerikaner erstmals eine eigenständige Möglichkeit ihr kulturelles Selbstverständnis zu pflegen sowie auch Widerstand und Protest zum Ausdruck zu bringen. Die Hip-Hop-Kultur ist ein hochgradig kodiertes und selbst referentielles Kommunikationssystem. Um ihre spezifischen Praktiken, Werte und Ausdrucksformen nachvollziehen zu können, bedarf es verschiedener

Kontextualisierungen. Aus diesem Grund sollen daher die Grundzüge und die Entwicklungsgeschichte der Hip-Hop-Kultur kurz skizziert werden.

Als eigenständige Musikrichtung entstand Hip-Hop aber letztlich erst zu Beginn der 70er Jahre in der New Yorker Bronx.

Die Ursprünge des Raps beginnen mit einem Spiel, dem Dirty Dozens. Dabei handelt es sich um ein Sprachspiel, bei dem der gewinnt, der die meisten und originellsten Beleidigungen seinem Gegenüber entgegenbringt und zwar in Versform. Durch dieses Spiel wurde das rhythmische Sprechen oder Schwätzen (to rap = schwätzen) zu einer Art Wettkampf ausgebaut, bei dem nur der gewann, der am kreativsten mit Wörtern spielen konnte. „Es sind aber vor allem die DJ's, die dem Rap durch die Behandlung der Stimme und musikalischen Technik sein wahres Gesicht geben werden." (Dufrense, 1992, S.7) Denn die schwarzen Plattenaufleger der 50er Jahre waren die ersten, die im Rhythmus der Musik mitsprachen, um somit das Publikum zum Tanzen und Feiern zu animieren. Von den amerikanischen Radiosendern wurde dieser Stil sehr schnell nach Jamaika exportiert, wo er die Radiomoderatoren zur Entwicklung eines eigenen rhythmischen Erzählstils, dem Toasting, inspirierte. Diese Erzähler beließen es aber nicht bei kleineren Auftritten in Musikclubs, sie stellten ganze Soundsysteme auf die Beine, mit denen man den Platten und den Stimmen ganz neue Eigenschaften geben konnte. So wurden Platten langsamer gespielt und Stimmen mit Echos belegt. Die Soundsysteme waren nicht an bestimmte Plätze gebunden. Sie fuhren praktisch durch das ganze Land und nahmen dadurch die Stimmungen und Meinungen der Jugendlichen auf, wodurch sie schnell zur Stimme der Straße wurden. Diese Soundsysteme wiederum fanden, in leicht abgewandelter Form, ihren Weg zurück in die USA und glätteten den Weg bis zur Geburt der Rap-Musik.

Entscheidender Wegbereiter war ein DJ namens Kool DJ Herc. Dieser kam Ende der 60er Jahre aus Jamaika nach New York, griff sofort die Idee des Soundsystems auf und entdeckte dabei seine Liebe zum Soul und zum Funk. „Kool DJ Herc ist 1975 einer der Initiatoren der ersten Block Partys in der Bronx, mehr oder weniger wilde DJ-Feste, bei denen der Strom öfters von öffentlichen Stromrechnungen stammte. Er ist einer der ersten, der zwei Schallplatten mischt, um einen neuen Rhythmus zu schaffen." (Dufrense, 1992, S. 20) Damit ist er einer der Erfinder des so genannten Scratchens, wobei verschiedene Schallplatten rhythmisch hin und her bewegt werden und das dabei entstehende Geräusch zur musikalischen Untermalung der Songs benutzt wird.

Doch sollte sich der Siegeszug des Raps nicht nur auf die Block Partys in der Bronx beschränken, auch die Musikindustrie begann sich für die musikalische Kombination aus rhythmisch gesprochenen Wörtern, Breakbeats und Funk-Musik zu interessieren. Am 16. September 1979 erschien die Single „Rappers Delight" von der Sugarhill Gang und sollte der 1. Welthit dieser neuen Musikrichtung werden. In nur kurzer Zeit eroberte der Refrain

> „I say the hip hop
>
> The hip beat to the hip hip hop
>
> You don't stop rocking to the bam bam boogie
>
> Ah just the boogie to the rhythm of the boogie to be
>
> Now what you hear is not a test
>
> I'm rapping to the beat"
>
> (Sugarhill Gang; Rapper`s Delight zit. nach Dufrense, 1992, S.22)

sämtliche Tanzflächen. Die 3 Rapper (MC`s) der Band reichten sich bei Auftritten gegenseitig das Mikrofon weiter und sorgten in Clubs und Discos auf der ganzen Welt für ausgelassene Stimmung, was letztendlich dazu führte, dass sich diese Platte weltweit über 2 millionenmal verkaufte.

Doch Rap-Musik sollte nicht auf der Ebene der Partymusik stehen bleiben. Schnell erkannten die Rapper den Einfluss dieser neuen Musik auf die Jugendlichen Amerikas und nahmen sich deren vielfältige Probleme auch textlich an. Und da das Leben in der Bronx und anderen amerikanischen Ghettos nicht nur schöne Seiten zu bieten hatte, war es bloß eine Frage der Zeit bis Rap-Musik mit sozialkritischen Texten die Herzen der Hörer eroberte.

Das Pionierlied schlechthin war dabei „The Message" von Grandmaster Flash & The Furious Five. Dieser Song löste weltweit denselben Schock aus wie „Rappers Delight", nur mit einem viel anspruchsvollerem Text. So hörte man folgende Zeilen:

> „Ich habe die Erziehung eines Penners
>
> eine zweistellige Inflation
>
> Ich kann den Zug nicht nehmen, um arbeiten zu gehen
>
> Die Transportunternehmen streiken (…) Ratten in der Wohnung
>
> Kakerlaken in der Küche

Junkies im Garten mit Baseballschlägern

Stoß mich nicht

Weil ich am Rande des Abgrundes stehe

Das ist wie ein Dschungel

Manchmal frage ich mich wie ich es mache nicht verrückt zu

werden"

(Grandmaster Flash & The Furious Five, The Message, zit. nach Dufrense, 1992 S.23)

Mit „The Message" fand der Rap seine vorläufige Bestimmung, er redete nicht mehr nur und schmiss Party-Phrasen durch die Luft der Clubs, er sagte etwas aus. Er wurde immer mehr zum Sprachrohr der amerikanischen Großstadtjugend und eroberte nebenbei die ganze Welt. Aber natürlich war Rap-Musik nicht in der Lage die sozialen Probleme schwarzer Jugendlicher zu lösen. In den Ghettos ging die Gewalt unvermindert und vor allem gegeneinander weiter. Die Hip-Hop-Kultur konnte lediglich Alternativen anbieten, sie konnte die Ghetto-Kids dazu motivieren ihre Gangrivalitäten verbal auszutragen, in Breakdance-Wettbewerben oder in so genannten DJ-Battles, andere sprühten ihre Erfahrungen und gestorbenen Träume mittels Sprühdosen an die Wände und machten sich so bemerkbar in einer Welt voller Gewalt, Armut und austauschbaren Schicksalen. Hip Hop war von Anfang an eine Kultur zur Selbstdarstellung. Jeder konnte beweisen, in der Disziplin seiner Wahl, dass er etwas wert war, dass er ein Individuum mit individuellen Fähigkeiten war. Hip-Hop ist immer Wettkampf gewesen, ein Wettkampf um die kreativsten Wortschöpfungen, um die verwegensten Tanzbewegungen, um die neusten Tricks am Plattenspieler oder um die größten, buntesten und phantasievollsten Graffitibilder. Eines hatten aber alle Elemente des Hip-Hop gemeinsam, man brauchte keine besonderen finanziellen Mittel oder Unterstützungen, jeder, der es wollte, konnte sich auf seinem Gebiet frei entfalten ohne außerordentlich viel Geld dafür ausgeben zu müssen. Nicht zuletzt machte diese Tatsache die Hip-Hop-Kultur so attraktiv für die Jugendlichen in den schwarzen Ghettos und war letztendlich auch für den Siegeszug dieser Subkultur um die ganze Welt verantwortlich.

Die Musikproduktionen wurden im Zuge des Erfolges immer professioneller, und so konnte man den Sound der Rap-Musik bald aus allen Radioboxen in den USA hören. Und die Stimmen der schwarzen Ghetto-Kids verschafften sich Platz in den

Ohren weißer oder privilegierter Jugendlicher, die nie auch nur einen Fußbreit in einem realen Ghetto gestanden haben. Filme wie *Wild Style* (1982), *Beat Street* (1984) und *Breakin* (1984) trugen das Lebensgefühl, den Kleidungsstil und die Identitätssymbole junger Hip Hopper durch die ganze Welt und machten natürlich auch nicht vor Deutschland halt. Hip-Hop konnte unterstützt durchs Radio, übers Fernsehen und mit Hilfe der Printmedien, Mitte der 80er Jahre, in fast alle deutschen Haushalte gelangen und so auch „ in bundesdeutsche Jugendclubs, wo die selbstbewusste Bilder- und Körpersprache der afroamerikanischen Straßenkids, vor allem bei hierzulande ebenfalls sprachlos belassenen Einwanderjugendlichen, ein euphorisches Echo auslöste. Und ebenso bei ihren SozialarbeiterInnen sahen diese in der Hip-Hop-Kultur eine wunderbare Chance den Sprachlosen eine Stimme, den Marginalisierten Selbstbewusstsein durch kreative (und nicht gewaltförmige) Aktivitäten zu geben." (Farin, 2001, S.141)

Die entscheidenden Weiterentwicklungen fanden aber trotzdem weiterhin in den USA statt und dem Rest der Welt blieb nicht viel anderes übrig als zuzuschauen und staunend die Entwicklung abzuwarten. Neue Rap-Bands schossen wie Pilze aus dem Boden und brachten durch Ideen und Soundentwicklungen die Musikrichtung in neue Dimensionen. Der 2. große Durchbruch gelang der Hip-Hop-Bewegung mit der LP „Raising Hell" von Run DMC aus dem Jahr 1986. Diese LP war die 1., von der sich über 1 Millionen Exemplare verkauften, wofür nicht letztendlich der Hit „Walk this Way" verantwortlich war, bei dem die weiße Rockgruppe Aerosmith mitwirkte. Durch die Kombination aus Rock und Rap, aus Schwarz und Weiß gelang es der Band Rap-Musik dem weißen, finanziell besser ausgestatteten, Publikum näher zu bringen.

Rap-Musik war Mitte der 80er Jahre die Wachstumsbranche Nummer 1 in der amerikanischen Popmusikindustrie. Der Musikkanal MTV fing an regelmäßig Videos von Rap-Künstlern zu spielen und kreierte 1988 die 1. täglich ausgestrahlte Rap-Show mit dem Namen YO! MTV Raps „die aus dem Stand heraus die höchsten Einschaltquoten erreichte, die MTV jemals hatte. Millionen von Fans wollten diese Musik im Radio hören, im Heimkino sehen, im Plattenladen kaufen." (Farin 2001, S. 145)

Rap-Musik stand von Anfang an für Provokation, für gewaltsames Aufmerksammachen sozialer Probleme, für überspitzte Texte. Die Realität schwarzer Ghetto-Kids war hart und von Gewalt geprägt, so dass diese

Problematik nicht vor der Hip-Hop-Bewegung halt machen konnte. Rap war die Sprache der armen, perspektivlosen Jugend. Der Rapper Chuck D von der Band Public Enemy nannte Rap sogar das CNN der schwarzen Bevölkerung. Rap-Musik war nicht selten so hart wie das Leben in den Straßen der Ghettos und daraus entstand für die Pop-Industrie ein schwerwiegendes Problem. Die wichtigsten Rap-Bands standen aufgrund ihrer eindeutigen Sprache (explicit lyrics) auf dem Index. „Elternverbände, wie das von der Beinahe-Präsidentengattin Tipper Gore gegründete Parents' Music Resource Center, liefen Sturm gegen die angebliche Gewalt, Sex und Drogen verherrlichender Rapper und riefen zum Boykott von Plattenkonzernen, Läden und Rundfunksendern auf, die Rap im Programm führten." (Farin 2001, S.146) Doch, wie so oft, wurden auch hierbei Verbote zu kostenlosen Kaufempfehlungen, vor allem in einer Subkultur, die es geradezu darauf anlegt gegen das etablierte, herrschende Establishment zu protestieren. Viele Rap-Platten bekamen Aufkleber, auf denen vor eindeutigen Sprachwendungen, vor Sex und vor Gewalt gewarnt wurde, um auf diesem Weg die Öffentlichkeit davor zu warnen, dass die Musik bzw. die Texte teilweise beleidigend auf die Zuhörer wirken kann. Bands wie N.W.A. schafften es auf ihrem Album „Straight outta Compton" mehr als 200mal das Wort FUCK unterzubringen, oder die 2LIVE CREW rappte auf der Doppel-LP „Nasty as they wanna be" auf 10 Tracks ausschließlich über sexuelle Praktiken und Vorlieben. „So wurden die verbotenen oder boykottierten Songs zu Kult- und Sammelobjekten, Index-Platten schossen ohne jegliche Radio- und TV-Unterstützung in die Charts, Rapper erreichten durch krassteste Provokationen einen hohen Bekanntheitsgrad." (Farin 2001, S.147) Trotzdem die provokantere Variante von Rap-Musik mehr Aufmerksamkeit erhielt, konnte man diesen Musikstil nicht nur darauf reduzieren. Rap-Musik entfaltete seit ihrem Entstehen eine ungeheure Kraft, aber auch eine sagenhafte Vielfältigkeit. Es entstand im Laufe der 80er Jahre praktisch Rap-Musik für jede Geschmacksrichtung. Rap für das Pop-Publikum, Rap mit politischen Inhalten, Rap-Musik, praktisch ohne Inhalt, zur reinen Partyunterhaltung oder Rap-Musik mit schon fast philosophischem Anspruch. Es entstanden viele Alben, bei denen verschiedene Musikstile mit Rap-Musik vermischt wurden, z.B. mit Rockmusik, mit Jazz, mit Funk und auch mit elektronischer Musik. Es gab praktisch keine Grenzen und alles schien erlaubt zu sein.

Der Erfolg von Rap-Musik blieb natürlich nicht unbemerkt und die Plattenindustrie bemerkte schnell, dass mit diesem Stil viel Geld zu verdienen ist. Doch wollten sich die zumeist afroamerikanischen Musiker nicht von der weißen Industrie bevormunden lassen und gründeten aus diesem Grund eigene Independent-Labels, Rundfunkstationen und Musik-Magazine. „Das Geld floss reichlich – doch oft an den traditionellen Industriegiganten vorbei." (Farin 2001, S.148) Hip-Hop-Musik wollte seinen Underground-Status verteidigen und tat dieses auch lange sehr erfolgreich. Es gab zwar zahlreiche Versuche, großer Plattenfirmen, Rap zu kommerzialisieren und diese Musik ihren ursprünglichen Zusammenhängen zu entreißen, doch wurde Hip-Hop nie eine schwarze Jugendkultur für Jedermann. „Das gelingt jedoch nur, weil Hip-Hop weiterhin das Image einer Ghetto-Kultur hat. Vor allem Gangsta-Rap funktioniert nur, solange es noch Medienberichte über wirkliche Gangster gibt. (…) Denn der durchschnittliche Hip-Hop-Fan will nicht nur einen Rhythmus kaufen, sondern teilhaben an einem Stück Widerstandscooltur, auf der Seite der Guten stehen – gegen Rassismus und Neonazis." (Farin, 2001, S.150) „Die überall ventilierte Information, Rap sei Musik aus dem Ghetto, macht bei den Jungs und Mädels mit den aufgeräumten Jugendzimmern mächtig Eindruck" (Jacob, 1993, S.193)

Trotzdem ließ sich der kommerzielle Siegeszug der Rap-Musik nicht umgehen, denn erkannten Labels oder Musiker erstmal, wie viel Geld man mit der eigenen Musik verdienen kann, waren sie schnell zu Kompromissen bereit und passten sich dem Mainstream gern an. Im Kern ist Rap zwar auch bis heute Protest-Musik, doch vermitteln rappende Fernsehstars oder gecastete Rapbands teilweise einen anderen Eindruck. Images werden zu Gunsten besserer Verkaufszahlen erfunden oder man nimmt gleich nur Musiker unter Vertrag, die mindestens 2 Schusswunden haben. In den USA ist Rap-Musik in der Gegenwart die Branche mit den größten Erfolgen bzw. Verkaufszahlen und auch heute noch bestimmen Produzenten und Rapper aus Amerika das Bild der Hip-Hop-Musik weltweit, doch haben sich mittlerweile, in fast allen Ländern dieser Erde, eigene, unabhängige Variationen der Rap-Musik entwickelt. Auch in Deutschland ist Hip-Hop-Musik mit deutschen Texten nicht mehr aus den Charts wegzudenken.

4.2. Hip-Hop in Deutschland

Durch den wachsenden Erfolg von Rap-Musik und dem aufstrebenden Export der anderen Hip-Hop-Elemente Breakdance und Graffiti, begann Mitte der 80er Jahre auch die Entwicklung einer deutschen Hip-Hop-Szene. Die 1. Schritte fanden zumeist in westdeutschen Metropolen, mit einem großen Anteil amerikanischer Soldaten, statt, wie z.b. Frankfurt oder Stuttgart. Diese Soldaten organisierten, inspiriert durch den Erfolg von Rap-Musik in ihrer Heimat, des Öfteren kleine Hip-Hop-Partys, auf denen natürlich auch gerappt und gebreakt wurde. Durch den Erfolg der Sugarhill Gang und den Furios Five in den Charts, sowie durch diese Art von Partys, kamen auch immer mehr deutsche Jugendliche in den Genuss von Hip-Hop. Die 1. weltweite Breakdance-Welle schwappte auch über Deutschland und wurde durch Medien, wie z.B. die Bravo, in jedes deutsche Kinderzimmer transportiert, und der Siegeszug des Graffitis war sowieso in jeder deutschen Großstadt, in allen Farben sichtbar. Fehlte also nur noch die Rap-Musik.

Die 80er Jahre waren in der deutschen Rap-Szene noch eher friedlich. Die Mitglieder und Aktivisten dieser Subkultur waren noch sehr gering und kannten sich zum größten Teil noch persönlich. Es wurden zu dieser Zeit zahlreiche Jams organisiert. Das waren Zusammentreffen von Hip-Hoppern, bei denen alle Elemente des Hip-Hop zelebriert wurden, also auch Rap-Musik. Diese fand aber ausschließlich in englischer Sprache statt und wurde über instrumentale amerikanische Schallplatten gerappt. Man orientierte sich an den amerikanischen Vorbildern und genoss das Leben in einer kleinen Subkultur. Die Mitglieder dieser noch sehr kleinen Szene bildeten mit der Zeit Netzwerke, grenzten sich aber noch bewusst von Rap-Musik in deutscher Sprache ab, galt dieses doch zu dieser Zeit noch als zu starke Anbiederung an kommerzielle Plattenfirmen, denn Rap auf Deutsch war Gruppen wie der Ersten Allgemeinen Verunsicherung oder Künstlern wie Falco vorbehalten, die dieses Stilmittel aber nicht im Sinne der Hip-Hop-Kultur nutzten sondern eher, um mit spaßigen Reimen kommerziellen Erfolg zu haben. Von so etwas wollte sich die deutsche Hip-Hop-Szene eindeutig distanzieren. „Die junge Szene war plötzlich gezwungen, sich von dem eingedeutschten Mainstreamphänomen Sprechgesang abzugrenzen und die eigene Kultur genauer zu definieren." (Loh/Güngor 2002, S.108) Trotzdem ließ es sich nicht vermeiden, dass große Plattenfirmen eine neue Möglichkeit sahen Geld zu verdienen und aus diesem Grund war es auch unvermeidlich, dass man versuchte mit Rap-Musik auf Deutsch die Charts zu stürmen. Die 1. erfolgreiche Band auf diesem Sektor waren die Fantastischen Vier. Diese Stuttgarter Band veröffentlichte 1991 ihr Debütalbum mit dem Namen „Jetzt geht's ab" und erlangten damit zumindest kleinere Erfolge. Mit ihrem 2. Album „Vier gewinnt" und der dazugehörigen Single „Die Da??" schafften sie dann 1992 den endgültigen Durchbruch und enterten die Charts. In der Hip-Hop-Szene sorgte dieser Erfolg für viel Aufregung, wollte man sich doch nicht mit dieser Stuttgarter Spaß-Band unter einem Etikett betrachtet sehen. Rap war für viele Anhänger der Hip-Hop-Szene immer noch vorwiegend ernste Musik mit politischen Themen und sollte nicht nur der leichten Unterhaltung dienen. Nicht zuletzt der Erfolg der Fantastischen Vier veranlasste viele Rapper mehr auf Deutsch zu rappen, denn nur, wenn man beweisen konnte, dass guter Rap auch anders klingen konnte, war es vielleicht möglich dem Publikum zu zeigen wieviel Ausdruckskraft Rap-Texte haben können. Die erste Band mit größerem Erfolg in der Hip-Hop-Szene waren die Heidelberger Rap-Pioniere Advanced Chemistry. Mit ihrer 1992er Maxi „Fremd im eigenen Land" bewiesen sie, dass es möglich war politisch anspruchsvolle Texte und interessante Instrumentale zu vereinigen. Aufgrund fehlender Unterstützung und der Weigerung der Hip-Hop-Szene mit den großen Major-Labels zusammenzuarbeiten, gelangte aber nur ein kleiner Teil der neuen deutschsprachigen Rap-Musik in die Medien. Es folgten zwar weitere Bands, wie z.B. das Rödelheim Hartreim Projekt, die Charts-Erfolge feiern konnten, aber die Hip-Hop-Szene verstand sich immer noch als Untergrund-Kultur und wollte mit den kommerziellen Medien nichts zu tun haben. Zu dieser Zeit, Mitte der 90er Jahre, wurde Rap-Musik in Deutschland immer vielfältiger und außerdem wurde aus einer Kultur, die bis zu dieser Zeit noch fast ausschließlich von Einwanderer-Kindern dominiert wurde, eine Subkultur, von der sich auch immer mehr deutsche Jugendliche anstecken ließen. Dazu trug auch die langsam steigende Aufmerksamkeit der Medien bei. So gab es ab 1993 eine eigene Hip-Hop-Show mit dem Namen „Freestyle" auf dem Musiksender VIVA und erste Fanzines entstanden. Trotzdem tauchte bis 1995 kein deutsches Rap-Album mehr in den höheren Regionen der Charts auf. Im Jahre 1995 kam es dann zu einem 1. Höhepunkt deutschsprachiger Rap-Musik. Praktisch über Nacht wurde die deutsche Öffentlichkeit mit Rap in deutscher Sprache konfrontiert und zahlreiche

Charts-Erfolge stellten sich ein. Bands wie die Absoluten Beginner, Fünf Sterne Deluxe, Fettes Brot oder Dynamite Deluxe verkauften Tonträger in so starker Auflage, dass die großen Plattenfirmen immer mehr Rap-Bands unter Vertrag nahmen. Dank einer stetig gewachsenen Untergrund-Szene bestand auch kein Mangel an Rap-Talenten. Der deutsche Musikmarkt wurde regelrecht überschwemmt mit neuen Rappern, wodurch wiederum der Zwang bestand sich von anderen abzugrenzen, um auffallen zu können. Es entstanden zu dieser Zeit zahlreiche, verschiedene Hip-Hop-Stile, so z.B. der Battle-Rap, bei dem es darum geht andere Rapper durch bessere Reime und härtere Ausdrücke zu dissen, es gab aber auch Rap-Musik, die zur reinen Unterhaltung gedacht war sowie Bands, die es immer noch als wichtig betrachteten ihre Zuhörer mit politischen Botschaften zu unterhalten. Rap-Musik wurde erfolgreicher, verkaufte Millionen Platten und etablierte sich in der deutschen Pop-Kultur. Eine eigene Mode, die sich zwar an amerikanischen Vorbildern orientierte, aber aus der auch deutsche Marken sich entwickelten, gelang auf die Schulhöfe. Weite Hosen, zu große T-Shirts und dicke Jacken prägten das Kleidungsbild vieler Jugendlicher.

Nachdem die großen Plattenfirmen praktisch jeden, einigermaßen bekannten, Rapper gesingt hatten, kam es, aufgrund der Überflutung des deutschen Musikmarkts mit dieser Musik, zu einer 1. Krise im Jahr 2000. Viele Bands verloren ihre Plattenverträge, kleinere private Plattenfirmen gingen Pleite und wurden eingestellt. Rap-Musik verschwand wieder im Untergrund.

Erst im Jahr 2002 gelang es wieder einer größeren Anzahl von Rap-Musikern in die Charts einzusteigen. Allerdings hatten sich die Musik und die Konzepte ein wenig verändert. Rap-Musik hatte sich seit dem letzten kommerziellen Höhepunkt immer weiter von den anderen Elementen der Hip-Hop-Kultur entfernt. Graffiti und Breakdance kamen zwar noch regelmäßig in Musikvideos vor, aber der durchschnittliche Rap-Konsument konzentrierte sich, fast ausschließlich, auf den musikalischen Aspekt des Hip-Hop. Außerdem wurde Rap-Musik immer mehr zur Musik der Großstadtjugendlichen ohne Perspektiven. Rap wurde härter. Die Musik wurde weiterhin den amerikanischen Vorbildern und Marktführern angepasst, aber die Texte beschäftigten sich mit Problemen deutscher Migranten in so genannten Großstadtghettos, wie z.B. Berlin Kreuzberg. Überhaupt fing die Berliner Hip-Hop-Szene an den deutschen Rap-Markt zu überschwemmen und die Maßstäbe zu setzen. Labels wie AGGRO-Berlin und Künstler wie SIDO, Bushido und Kool Savas trafen die Herzen der Jugend. Das taten sie mit harten, beleidigenden Battle-Texten, vertonten SEX-Stories oder ihren eigenen Gangster-Geschichten. Rap-Musik wurde zusehends provokanter, aber zugleich auch realistischer und umweltbezogener. Es ging nicht mehr um die Weiterentwicklung einer Szene, sondern um die Möglichkeit mit der Musik Geld zu verdienen, um so vielleicht dem eigenen Leben einen Sinn und eine Zukunft geben zu können. Betrachtet man die derzeitige Hip-Hop-Szene in Deutschland, muss festgestellt werden, dass diese eine gute Infrastruktur besitzt. Es gibt 2 große Hochglanzmagazine, JUICE und BACKSPIN, die monatlich erscheinen und über Neuheiten der nationalen sowie der internationalen Hip-Hop-Szene berichten. Es gibt Radiostationen mit eigenen Hip-Hop-Sendungen und in jeder größeren Stadt Discos und Clubs, in denen man zur Rap-Musik feiern und tanzen kann. Rap-Musik hat sich bei den Zuhörern und Verantwortlichen in der Musikindustrie als ernstzunehmender, eigenständiger Musikstil mit einer festen Fanbasis etabliert. Nichtsdestotrotz muss festgehalten werden, dass eine immer weitere Abspaltung des Raps von den anderen Bereichen der Hip-Hop-Kultur stattgefunden hat. Mit Rap-Musik kann man am meisten Geld verdienen, Breakdance und Graffiti sind zwar akzeptierte Bestandteile der heutigen Popkultur, jedoch verfügen sie nicht über dieselbe mediale Aufmerksamkeit wie Rap-Musik.

Rap-Musik, und damit auch ein Bestandteil der Hip-Hop-Kultur, ist angekommen im Leben der heutigen Jugend. Sie bestimmt zu großen Teilen, was die Jugendlichen tragen, wie sie miteinander reden und was für Themen aktuell sind. Rap-Musik ist trotz oder vielleicht auch gerade wegen der sehr kontroversen Texte so attraktiv wie nie bei den in Deutschland lebenden Jugendlichen. Sie fühlen sich von dieser Musik angesprochen und in ihrem Leben bestätigt, sie transportiert Ängste aber auch Träume.

4.2.1. Banned in the BRD- Rap auf dem Index

Im Mutterland des Raps schwelt der Streit um die Aussagen in Rap-Texten, mittlerweile schon seit über 20 Jahren. So wurde zum Beispiel der 1. Rap-Welthit überhaupt, „Rappers Delight" von der Sugarhill Gang, schon zensiert. Die Band musste die Zeile „He can't satisfy you with his little worm, but i can bust you out with my super sperm" aus ihrem Lied entfernen, weil sich Radiosender sonst weigerten das Lied zu spielen. Auch heute noch findet eine starke Zensur von Rap-Musik in den Vereinigten Staaten statt. Bei vielen Videos werden über Wörter wie Fuck, Shit oder Bitch Beep-Töne gelegt und auf zahlreichen CDs prangt ein Sticker, der vor eindeutigen Texten warnt.

Mit dem Erfolg von deutschsprachiger Rap-Musik bahnt sich dieses Problem auch zunehmend in Deutschland an. Stars wie SIDO oder BUSHIDO befinden sich, wie selbstverständlich, in den Charts und sorgen mit ihren sexistischen und gewaltverherrlichenden Texten für Aufregung bei Eltern, Lehrern und Jugendbehörden. In Deutschland gibt es zwar nicht die Möglichkeit Texte oder Alben im Vorhinein zu zensieren oder abzuändern, aber es gibt die Möglichkeit die entsprechenden Tonträger im Nachhinein auf den so genannten Index zu setzen. Auf diese Weise soll den Jugendlichen der Zugang zu solchen Medien verhindert werden.

„In der jüngsten Vergangenheit ist dies mit deutschsprachigem Rap vermehrt geschehen, unter anderem mit der Label-Compilation AGGRO Ansage Nr.3 von AGGRO Berlin, die als Rand- bzw. Untergrunderscheinung abzuschreiben tatsächlich verfehlt wäre. Wir sprechen hier von bislang über 60.000 verkauften Exemplaren." (Leopoldseder 2005, S. 58) Eine Indizierung findet durch die BpjM (Bundesprüfstelle für jugendgefährdende Medien) statt. Die Entscheidung fällt bei Pornografie oder offensichtlicher Volksverhetzung ein Dreiergremium. Bei anderen, als gefährlich angesehenen Inhalten, entscheidet ein Zwölfergremium über die Indizierung. Die Gremien setzen sich aus Vertretern verschiedener gesellschaftlicher Gruppen zusammen, wie z.B. aus Lehrern, aus Kunstverbänden, aus Literaturverbänden, aus Vertretern der Kirche sowie Verlegern. Diese analysieren die Texte und wägen ab, ob die künstlerische Freiheit oder der Schutz der Jugend im konkreten Fall Vorrang hat. Indizierungen müssen dabei immer mit einer 2/3-Mehrheit beschlossen werden. „Für den betroffenen Künstler beginnt der Indizierungsprozess mit einem Brief an sein Label. In diesem wird ihm mitgeteilt, dass ein Verfahren eröffnet wurde und, sofern sein Fall vor dem Zwölfergremium verhandelt wird, auch die Möglichkeit besteht vor dem Gremium Stellung zu nehmen und seine Argumente gegen eine Indizierung vorzutragen." (Leopüoldseder, o.a.). Nach der Indizierung wird die jeweilige CD zwar nicht verboten, aber sie darf, nach § 15 des Jugendschutzgesetzes (JuSchG), Kindern und Jugendlichen nicht zugänglich gemacht werden. Dabei findet bei der

Indizierung noch eine Unterteilung in den so genannten Teil A und Teil B statt. Im Teil A des Index gelistete CDs dürfen an Minderjährige weder verkauft noch verliehen oder verschenkt werden. Gehandelt werden darf mit diesen Tonträgern nur in Geschäften, die Jugendlichen nicht zugänglich sind. Ebenso ist der Versandhandel, die Werbung und die Herstellung, Einfuhr und Lagerung solcher Medien zum Zwecke der Weitergabe an Jugendliche untersagt. Zusammengefasst bedeutet das, dass diese Tonträger zwar verkauft werden dürfen, aber dabei nur an Personen über 18 Jahre und in extra dafür ausgelegten Geschäften. Die anvisierte Zielgruppe für Rap-Musik bleibt also größtenteils außen vor und den Künstlern gelingt es nicht ihre Produkte in für sie zufriedenstellenden Mengen zu verkaufen. Im Teil B gelistete CDs sind noch strengeren Maßnahmen unterworfen und eigentlich im Handel nicht existent, d.h. der Künstler kann diese Tonträger nur illegal verkaufen, darf seine Lieder öffentlich nicht präsentieren und bei Zuwiderhandlung riskiert er empfindliche Geld- und sogar Haftstrafen.

Musik-CDs werden indiziert, wenn sie laut § 18 JuSchG „geeignet sind, die Entwicklung von Kindern und Jugendlichen oder deren Erziehung zu einer eigenverantwortlichen und gemeinschaftsfähigen Persönlichkeit zu gefährden (...). Dazu zählen vor allem unsittlich, verrohend wirkende, zu Gewalttätigkeit, Verbrechen oder Rassenhass anreizende Medien." Die Indizierung kann aber nur durch einen Antrag ausgesprochen werden, d.h. dass zuerst eine antragsbefugte Behörde, wie z.B. das Jugendamt oder die Polizei auf diese Tonträger aufmerksam gemacht werden muss.

Bisher waren von diesen Maßnahmen meist nur rechtsradikale Musikgruppen betroffen. „Mit der zunehmenden Härte hiesiger Rap-Lyrics reihen sich nun auch immer mehr Hip-Hop-Künstler unter die Verdammten ein: Bestimmte Tonträger von Frauenarzt, Taktlo$$, Bass Sultan Hengzt, King Orgasmus One, Kool Savas oder eben Aggro Berlin sind nach Ansicht der Bundesprüfstelle nicht zumutbar für das jugendliche Ohr." (Leopoldseder, o.a.).

Natürlich sind die betroffenen Rapper nicht bereit diese Indizierung kampflos hinzunehmen. Zwar entsteht auch ein Image mit solch einer Indizierung, welches verkaufsfördernde Auswirkungen haben kann, aber solange die CDs nicht in den gängigen Geschäften zu erwerben sind, sind die finanziellen Verluste zu groß, um damit leben zu können. So äußert sich der Rapper BUSHIDO zu den Indizierungen: „Das ist eben das Problem, wenn Typen wie ich, HENGZT oder

42

FRAUENARZT an die Öffentlichkeit kommen. Plötzlich schreien irgendwelche Pädagogen wild auf. Früher hat es keinen interessiert, ob du in deinen Texten Mütter vergewaltigst oder kleine Kinder aufschlitzt." (Leopoldseder, o.a.). Ein wenig anders sieht der Rapper Kool Savas die Sache. Er sagte im Interview mit der Zeitung JUICE: „Wenn man in den Songs seiner Vorbilder ständig hört, die ist eine Nutte, die ist eine Bitch und einem der Sinn für Humor fehlt, kann es schon sein, dass man falsch beeinflusst wird. Ich würde nicht wollen, dass Kids wegen mir zu totalen Asos werden, die Frauen disrespecten." (zit. nach Leopoldseder in Juice 5/05, S.60). Der Geschäftsführer der Berliner Plattenfirma Aggro Berlin, Spaiche, sagte dazu: „Bei RTL Explosiv werden die härtesten Dinger gezeigt und da kann auch niemand kontrollieren, ob da 12-Jährige vor dem Fernseher sitzen. Meiner Meinung nach werden von der BpjM lediglich Exempel statuiert, um der Öffentlichkeit zu zeigen: Wir unternehmen etwas." (zit. nach Leopoldseder in Juice 5/05, S.58)

Letztendlich lässt sich feststellen, dass die Hörer von Rap-Musik sich größtenteils nicht an harten Ausdrücken und Redewendungen stören. Vielmehr dienen sie dem Publikum als Beweis, dass der jeweilige Künstler sich nicht zu weit von seinem Publikum entfernt hat, weil nicht wenige Jugendliche auf den Straßen und in den Jugendclubs ähnliche Wörter benutzen. Rap-Musik war schon immer ein Medium, indem man durch Provokation Aufmerksamkeit erregte, und aus diesem Kontext heraus ist es auch eher verständlich, warum es immer wieder Künstler geben wird, die auf Ausdrücke zurückgreifen, welche von einem großen Teil der Bevölkerung nicht akzeptiert werden.

4.2.2 Hip-Hop in der DDR

Aufgrund des Endes der DDR, im Oktober 1990, ist die Geschichte der Hip-Hop-Bewegung in diesem Teil Deutschlands natürlich stark eingegrenzt. Trotzdem existierte aber eine Hip-Hop-Szene im sozialistischen Teil Deutschlands und verdient es deswegen auch in dieser Arbeit erwähnt zu werden.

Die 1. Hip-Hop-Welle löste der Film BEAT STREET aus, welcher in vielen ostdeutschen Kinos gezeigt wurde. In Magdeburg lief er, aufgrund der großen Nachfrage, sogar über 1 Jahr unentwegt im Kino. Die DDR-Regierung reagierte positiv auf diesen neuen Trend aus Amerika, wurde diese Musik doch als politisch ungefährlich angesehen. Klaus Farin schreibt dazu: „Da die Musik als Unpolitische bzw. politisch korrekt angesehen wurde, konnten sich innerhalb der FDJ-geleiteten Jugendclubs Arbeitsgemeinschaften für Breakdance bilden. Die B-Boys hatten eine ausgeprägte antirassistische Einstellung, welche auch durch den FDJ-Internationalismus bestärkt wurde." (Farin, 2001, S. 146) So entstand auch im Osten Deutschlands eine Hip-Hop-Szene, die zwar weniger Möglichkeiten hatte, sich durch Bekleidung oder Equipment von der Masse abzugrenzen, doch herrschte ein Idealismus, der genug Raum für diese neue Subkultur übrig ließ. Es gab sogar eine Hip-Hop-Band, Electric Beat Crew, die eine eigene Platte aufnahm und welche sich durch Auftritte im DDR-Fernsehen Gehör verschaffen konnte. 1988 und 1989 fanden zwei große Hip-Hop-Treffen in Radebeul statt, auf denen sich mehr als 1000 Hip-Hop-Fans trafen, um gemeinsam diese Kultur zu leben.

4.3. Graffitis: Die Kunst des Vandalismus

Graffiti ist ein Teil der Hip-Hop-Kultur, der jeden von uns täglich begleitet. Es gibt wohl keine größere Stadt in Deutschland bzw. in Europa, die nicht durch besprühte Wände, Häuser oder Züge gekennzeichnet ist. Dabei ist Graffiti keine Erfindung der Hip Hopper, nur haben diese es seit den 70er Jahren am besten verstanden dieses Medium zu nutzen.

Graffitis, d.h. Bilder im Außenraum, als Ausdrucksform sind so alt wie die Menschheit. Schon die Menschen, die in Höhlen lebten, malten auf die Wände, ritzten geheimnisvolle Zeichen in die Steine und bei Ausgrabungen hat man sogar Spuren davon in etruskischen Wohnungen gefunden. „Die alten Römer kratzten allerlei Bildliches in die Mauern der Badeanstalten. Australische Aborigenes taten es, die Ureinwohner Amerikas auch. Touristen hinterließen immer schon ihre Namen an Kulturdenkmälern." (von Treeck, 1995, S.4) Graffiti war schon immer die bevorzugte Ausdrucksform der Menschen, denen man nicht das Wort erteilte, von Ausgeschlossenen und Idealisten. Und seit der Erfindung der Sprühdose sind den Farben, den Wänden und den Räumen keine Grenzen mehr gesetzt.

Doch die derzeitige Graffitikunst entstand nicht über Nacht, „man muss wissen, dass dies nicht plötzlich kam, sondern die Frucht jahrelanger Entwicklung ist." (Dufrense, 1992, S.158) Am Anfang war der Tag, diese Form der persönlichen, gestylten und auffallenden Unterschrift trat Anfang der 70er Jahre erstmals in den

USA auf. Viele Jugendliche verstanden es als Spiel ihre Namenszüge an Hauswände, Parkbänke oder in öffentliche Verkehrsmittel zu malen. Zu dieser Zeit geschah das noch zum Großteil mit dicken, wasserfesten Stiften, aber Sprühdosen sollten diese bald ersetzen. Am besten beherrschten Zeitungsausträger und Kuriere diese Disziplin, da sie aufgrund ihrer Arbeit unentwegt in den Straßen der Städte unterwegs waren. „Taki von der 183. Straße machte als erstes auf sich aufmerksam, sein Tag TAKI 183 war in allen Ecken von New York vertreten, von Manhattan bis zur Bronx über Brooklyn. Seine Berühmtheit verdankt er auch einigen Zeitungsartikeln, die sich mit dem damals noch völlig neuem Phänomen beschäftigen." (Dufrense, 1992, S. 159) Langsam wurde das anfängliche Spiel zum Wettbewerb, den der gewann, der sich zum Tagging in die unzugänglichsten, gefährlichsten und dunkelsten Gegenden traute. Der Virus Graffiti breitete sich zusehends aus und aufzufallen wurde für den einzelnen Writer immer schwieriger. Die Lösung schien in der Vergrößerung und der auffälligeren Farbgestaltung zu liegen. Die Namenszüge nahmen dann ganze Wände ein und wurden farbig ausgesprüht, denn wer so seinen Namen sprühte, hob sich aus der Masse der Tags hervor. An diesem Punkt begann die zuvor amüsierte Masse der amerikanischen Bevölkerung sich bedroht zu fühlen, da kein Ende der Malereien zu erkennen war. Also begann die Jagd auf Graffitisprüher. Sondereinsatzkommandos der Polizei wurden beauftragt die jungen Künstler zu verfolgen und zu stellen, Wachdienste beobachteten aufmerksamer Jugendliche, die sich nachts an Häuser schlichen. Diese Verfolgung der Graffitimaler ist bis heute nicht beendet, da für einen Großteil der Bevölkerung die Schriftzüge der Jugendlichen lediglich irgendwelche Schmierereien darstellten. Diese Maßnahmen veranlassten viele Writer vorsichtiger zu werden. Sie fingen an sich unauffällig anzuziehen, verlegten ihre Aktivitäten meist in die Nachtzeit und suchten sich neue Ziele für ihre Werke. Bevorzugte Flächen für die Schriftzüge wurden die vorher noch verschonten U-Bahn-Züge, denn mit diesen ließ sich eine viel größere Aufmerksamkeit erreichen. Es war gefährlich und die Züge fuhren mitsamt den Bildern durch die ganze Stadt. Die Maler wurden immer sensibler für Formen, Farben und Gestaltungen. Zu den Buchstaben gesellten sich figurative Elemente, die so genannten Characters. Viele Sprüher fanden nach und nach zu ihrem eigenen Stil und aus anfänglicher Geltungssucht wurde eine eigenständige Kunstrichtung. Das machte Graffiti, Mitte der 80er Jahre, auch erstmals für

Kunsthäuser- und Magazine attraktiv. Ausstellungen wurde eröffnet, Zeitungsartikel erschienen und die Fernsehsender berichteten über diesen Teil der Hip-Hop-Kultur. Einige Writer wurden sogar zu Stars der Szene und verdienten mit ihrer Kunst genügend Geld, um überleben zu können. Auch die visuelle Vermarktung wurde in Gang gesetzt und Filme wie Wildstyle, Style-Wars und Beat Street widmeten sich dieser Kunstform. Graffiti wurde dabei immer im Zusammenhang mit Rap-Musik vermittelt. Rap-Videos hatten Graffiti-Bilder im Hintergrund und Plattencovers von Rappern bestachen durch Schriftzüge in Graffitiform.

Trotz allem blieb Graffiti eine Kunstform, die hauptsächlich in der Illegalität stattfand. Das Risiko erwischt zu werden, gab den meisten Sprühern erst den richtigen Kick und machten ihr Hobby zu etwas Besonderem, denn alles was verboten ist, eignet sich hervorragend, um gegen das Establishment zu demonstrieren. Für Motivation und „ausreichend Nervenkitzel ist also gesorgt. Es kann zur Sucht werden, darauf schwören Adrenalinjunkies mit der Sprühdose. Nachts im Depot sind alle Sinne erwacht. Jedes Geräusch, jeder Windhauch wird registriert und jagt die Stresshormone durch die Adern. Kommt da jemand – oder war das gerade ein Tier? Flucht oder Kampf? In wenigen Sekunden muss der Sprayer entscheiden. Welch ein Gefühl, wenn er es geschafft hat und der Zug am nächsten Tag das Bild durch die Lande trägt. Die Anerkennung der eingeschworenen Gemeinschaft ist gewiss. Wer gut ist, wird mit jedem Jahr unter seinesgleichen bekannter. Diesen bescheidenen Ruhm zu erlangen, stellt für viele Writer das Tatmotiv Nummer 1 dar." (van Treeck, 1995, S.4)

Graffiti ist aber auch ein Hobby, welches hauptsächlich in Gruppen stattfindet. Mehrere Writer vereinigen sich zu einer Crew und stellen sich gemeinsam die Aufgabe ihre Crew-Initialien in der ganzen Stadt zu verbreiten. Nicht selten sind diese Crews für einzelne Writer wichtiger als ihre Familie, nur in ihrer Peer-Group fühlen sie sich anerkannt und wichtig, für sie riskieren sie von der Polizei erwischt zu werden, hohe Strafen zu bezahlen oder von den Eltern ausgeschimpft zu werden.

Gruppenzusammenhalt und Wettkampf sind also auch ein wichtiges Merkmal dieses Teils der Hip-Hop-Kultur und nicht nur beim Graffiti geht es um das Vermehren eigener Fähigkeiten sowie um das Vergrößern des eigenen Bekanntheitsgrades, auch im Breakdance stehen diese Motive im Vordergrund.

4.4. Breakdance: Kampf durch Bewegung

Nachdem ich bereits näher auf Rap-Musik und Graffiti eingegangen bin, fehlt letztendlich noch der 3. wichtige Teil der Hip-Hop-Kultur, nämlich Breakdance. Breakdance ist eine akrobatische Tanzform, die sich zur gleichen Zeit und in denselben Regionen entwickelte, wie die schon beschriebenen Teile der Hip-Hop-Kultur.

Die Wurzeln liegen aber auch hierbei schon mehrere Jahrhunderte zurück. So brachten afrikanische Sklaven verschiedenste Tanzformen mit in die Vereinigten Staaten und pflegten diese als Teil ihrer Kultur auch weiterhin. Eine der einflussreichsten Tanzstile war dabei Capoeira des Bantu-Stammes. Bei diesem Tanzstil ging es schon darum Meinungsverschiedenheiten friedlich auszukämpfen. Gewonnen hat immer der Tänzer, der die wildesten, verrücktesten und technisch perfektesten Bewegungen ausführte. Dieser Tanz wurde auch immer von Musik begleitet, welche die Tänzer zu noch akrobatischeren Bewegungen motivieren sollte. Die afrikanischen Sklaven aber brachten aufgrund ihrer Stammes- und Kulturvielfalt mehrere Tanzformen und -stile mit nach Amerika und vermischten diese dort. Deswegen lässt sich heute nicht mehr sagen, welcher dieser verschiedenen Stile der prägende gewesen ist. Zu den afrikanischen Einflüssen kamen außerdem europäische und lateinamerikanische Tänze sowie asiatische Kampfsportarten und vermischten sich zu einer eigenen neuen Tanzform. Die Haupteinflüsse waren dabei Salsa und Stepptanz sowie Karate und Kung-Fu.

Ende der 70er Jahre kamen dann alle Einflüsse in der New Yorker Bronx zusammen und führten zur Entstehung des Breakdance. Tänzer versammelten sich damals in den belebten Straßen der Stadt und trugen der Reihe nach ihre Battles gegen andere Crews, vor laufendem Publikum, aus, um dafür Respekt zu erhalten und neue Anforderungen zu setzen.

Anfangs hatte diese Tanzform noch keinen eigenständigen Namen, die Tänzer nannten sich meist B-Boys und ihren Tanz B-Boying. Die Erklärung für die spätere Namensgebung Breakdance ist, „dass der DJ früher den Break – meist den Instrumentalteil – von einer Platte spielte. Ihn mischte er mehrmals hintereinander zu einem Loop, so dass er länger wurde. Zu diesen Breaks flippten die Tänzer mit verrückten Schritten und Drehungen aus, die in späteren Jahren mehr und mehr auf dem Fußboden vollzogen wurden. So entstanden die Break-Boys, danach B-Boys. Natürlich hörte sich das von den Medien erfundene Wort Breakdance besser an." (Robitzky, 2000, S.13)

Die Medienbranche erkannte schnell diesen neuen Trend und Anfang der 80er Jahre schwappte die Breakdance-Welle über die ganze Welt. Mitverantwortlich für diesen neuen Trend waren auch hierbei maßgeblich die Filme Wildstyle, Beat Street und Style-Wars.

Die 1980 gegründete Rocksteady-Crew war eine der ersten populären Breakdance-Gruppen. Sie tanzte in fast allen Filmen der damaligen Zeit und bestimmte mit ihren Bewegungen die Weiterentwicklung von Breakdance. Sie war für die Entfaltung eines neuen Stils verantwortlich, der weitaus akrobatischer in seiner Präsentation war. Aus diesem Grund werden sie auch heute noch als Vorväter des Breakdance angesehen, welche diesen Tanzstil auf die Straßen und Bühnen der Welt transportierten.

Die Breakdance-Euphorie ging natürlich nicht spurlos an Deutschland vorbei. Im Dezember 1983 hatte die ROCKSTEADY-CREW mit „Hey You" ihren 1. und einzigen Nummer 1 Hit in den deutschen Charts, genau wie die Band Breakmachine mit dem Titel „Streetdance". Die Jugendzeitschrift BRAVO erkannte dabei schnell den Trend und schrieb die 1. Breakdance-Meisterschaften aus, produzierte den Kinofilm „Breakdance-Sensation" und berichtete in nahezu jeder Ausgabe über Breakdance. Der Hype um diesen Tanz nahm beinahe groteske Züge an und sorgte dafür, dass viele B-Boys anfingen sich für das von den Medien erfundene Bild des Breakdancers zu schämen. „Das schlimmste was der Szene passieren konnte, wurde wahr: ein Breakdance – mach mit bleib fit – Kurs im ZDF. Der Hauptdarsteller war der Pantomime Eisi Gulp. Alle Breaker, die auch nur ein bisschen Ahnung hatten und was auf sich hielten, haben ihn verflucht. Das einzig Gute an dem ganzen Ding waren der Vor- und der Abspann, in dem man die Rocksteady-Crew zu sehen bekam. Der Rest war einfach schund." (Robitzky, 2000, S. 20)

Mitte der 80er Jahre verschwand der Trend und Breakdance spielte in den deutschen Fernseh- und Musikmedien keine Rolle mehr. Doch gab es immer noch Tänzer, die trainierten und ihre Moves weiterentwickelten. Breakdance verschwand wieder aus dem Mainstream und wurde erneut zur Subkultur. Mitte der 90er Jahre strahlte der Spotlight der Medien noch einmal etwas heller auf diesen Tanzstil, aber so populär wie in den 80er Jahren wurde Breakdance nicht mehr.

Trotz allem gibt es heute noch Tänzer, die täglich ihren Körper trainieren, um diesen Teil der Hip-Hop-Kultur zu pflegen und weiterzuentwickeln. Breakdance war immer da und wird es sehr wahrscheinlich auch immer sein. Einer der Gründe dafür ist, dass jeder, der ein wenig tänzerisches Geschick und Ausdauer besitzt, diesen Tanz erlernen kann. „Alles, was man braucht, ist Musik, eine Fläche zum Tanzen und etwas von dem gewissen Etwas im Blut, um den Sport zu meistern. Es wird kein spezielles Equipment benötigt. Ein anderer Grund ist, dass es ein fröhlicher und gesunder Weg ist sich selbst auszudrücken und um sich zu messen. Schließlich ist es auch ein lebhafter Aspekt der Hip-Hop-Kultur, den viele als einen Lebensstil adoptiert haben." (www.ass-crew.de/html/history.html, 29.04.2006)

5. Interviews

Subkulturen, also auch Hip-Hop, wären nichts ohne die Menschen, welche sich im Namen der Kultur aufopfern, ihre Freizeit nach ihnen gliedern und dabei helfen die Kultur zu unterstützen sowie zu fördern. Als Beispiel für diesen Menschenschlag habe ich 2 Hip-Hopper, die mittlerweile zwar schon erwachsen sind, interviewt, die aber einen großen Teil ihrer Jugend der Hip-Hop-Kultur zur Verfügung gestellt haben.

5.1. Das wissenschaftliche Interview

Laut Definition ist ein wissenschaftliches Interview ein Forschungsinstrument, mit welchem bei planmäßigen Vorgehen und wissenschaftlicher Zielsetzung Personen durch eine Reihe gezielter Fragen zu mündlichen oder schriftlichen Auskünften veranlasst werden.

Dabei gibt es verschiedene Formen des wissenschaftlichen Interviews. Die wichtigsten Formen sind dabei, dass narrative Interview, welches zum Ziel hat den Interviewpartner zu einem offenen Erzählen anzuregen. Weiterhin kann man mit dem Konzept des fokussierten/ kontrolliert-explorativen Interviews arbeiten, wobei das Interview zum Ziel hat eine bestimmte Episode oder Fragestellung zu thematisieren. Es interessiert also nicht möglichst viele Sachverhalte, sondern nur eine spezielle Fragestellung. Eine dritte Möglichkeit wäre das Interview anhand eines Gesprächsleitfadens, das Leitfadeninterview. Bei dieser Interviewform wird darauf geachtet, dass bestimmte Themenbereiche angesprochen werden, was durch einen vom Interviewer vorgegebenen Leitfaden sichergestellt wird. Ein Leitfadeninterview stellt dadurch sicher, dass der interessierende Aspekt angesprochen wird. Somit ist auch eine Vergleichbarkeit mit anderen Interviews gut möglich. Damit eine Leitfaden entwickelt werden kann, sind gute Kenntnisse, das Thema betreffend, des Interviewers gefragt, da sich die Leitfragen in der Regel auf vorher als relevant ermittelte Themenbereiche beziehen. Die Handhabung des Leitfadens erfolgt in der Regel flexibel und wird nicht im Sinne eines standardisierten Ablaufschemas gehandhabt, damit soll die Möglichkeit einer unerwarteten Themendimensionierung durch die Interviewten offen bleiben. Insgesamt kann man dem Leitfaden am ehesten die Funktion einer Gedächtnisstütze oder eines Orientierungsrahmens zuschreiben. (vgl. Marotzki, 2003, S.47)

Ich habe mich bei den geführten Interviews für die Form des Leitfadeninterviews entschieden. Der Leitfaden an dem sich meine Interviewpartner orientieren sollten war die Frage: Was bedeutet die Hip-Hop-Kultur für dein Leben und wie hat sie dich und dein Leben beeinflusst?

5.2. CORE-LEONE

Stell dich doch erst mal vor.
Also, mein Künstlername ist CORE-LEONE, ich bin mittlerweile 29 Jahre alt und seit ungefähr 18 Jahren mehr oder weniger der Hip-Hop-Kultur verfallen.

Wie kamst du zum Hip-Hop oder, besser gesagt, kannst du dich noch an den Moment erinnern, in dem du gespürt hast, dass diese Musik und alles, was dazu gehört, etwas Besonderes ist?
Ja, dass weiß ich sogar noch ziemlich genau. Meiner Erinnerung nach muss meine Liebe zum Hip-Hop Weihnachten 1988 begonnen haben. An diesem Tag zeigte nämlich das 1. Programm des DDR-Fernsehens den Film BEAT STREET und auf Empfehlung meines Vaters habe ich mir diesen dann auch angesehen.

Was hat denn dieser Film bei dir ausgelöst?

Diese ganze Energie, die an diesem Weihnachtsnachmittag übers Fernsehen ausgestrahlt wurde, blieb einfach unvergesslich für mich. In dem Film ging es ja um alles, was der Hip-Hop so zu bieten hatte. Coole Musik, Tanzbewegungen, die ich vorher noch nie gesehen hatte und Graffiti als Kunst und Halt in einer grauen und eintönigen Welt.

Ich muss sagen, dass mich Graffiti anfangs am meisten begeisterte. Ich fand es einfach Wahnsinn, dass es Menschen gab, die bunte Bilder an Wände und Züge sprühten, um allen zu zeigen, was sie können. Keiner konnte diese Bilder übersehen. Ob man wollte oder nicht, man musste zur Kenntnis nehmen, dass es Menschen gab, die sich übers Malen ausdrückten, die auf diesem Weg die Welt davon in Kenntnis setzten, dass sie existierten.

Bist du denn gleich zum aktiven Hip-Hopper geworden?

Nein, natürlich war ich anfangs eher inaktiv. Es war ja auch nicht so einfach, damals kurz vor dem Ende der DDR und als schüchterner Neu-Teenager, zu einem Teil von so etwas Großem zu werden. Auf jeden Fall wirkte auf mich zu dieser Zeit alles sehr groß und viel zu weit weg von mir. Ich sah zwar schon ältere Jugendliche, die auf Linoleum-Matten vor meiner Schule Breakdance übten, aber ich konnte doch relativ selbstsicher einschätzen, dass diese akrobatischen Bewegungen nichts für mich seien, ich war ja schon stolz auf mich, wenn ich im Sportunterricht meine Dehnungsübungen erfolgreich hinter mich gebracht habe. Erst habe ich mal zugeschaut und war voll stiller Begeisterung.

Wie gestaltete sich dann dein weiterer Weg zum aktiven Hip Hopper?

Anfangs als reiner Konsument von allem, was mit Hip-Hop zu tun hatte. Es war zwar in der DDR-Zeit schwer an solche Musik heranzukommen, aber es war nicht unmöglich. Ich nahm mit dem Kassettenrecorder Musiksendungen aus dem WEST-Fernsehen auf, tauschte Musik mit Freunden und sah zu, wie die großen Schüler Breakdance übten. Es gab auch eine DDR-Hip-Hop-Band mit dem Namen ELECTRIC-BEAT-CREW, von der ich jedes Lied aus dem Radio aufnahm. Nach der Wende wurde es dann natürlich leichter entsprechendes Material zu bekommen. Man brauchte nur Geld und schon konnte man sich ein Arsenal an Rap-Platten zulegen. Außerdem gab es um 1991 eine große Hip-Hop-

Welle und man hörte die Musik des öfteren im Radio oder sah sie im Fernsehen. Ich kann mich da vor allem an MC HAMMER und VANILLA ICE erinnern, die beide regelmäßig im Radio liefen.

Kurz gesagt, nach 1990 wurde es einfach an Sachen heranzukommen, die Hip-Hop betrafen und ich nutzte alle Möglichkeiten, die mein Taschengeld und die Gutmütigkeit meiner Eltern zuließen.

Was würdest du denn als ersten Schritt deinerseits betrachten aktiver Hip-Hopper zu werden?

Nachdem ich Ende der 80er Jahre mit Freunden erstmals versucht habe mit geringsten Mitteln Musik zu machen, kam für mich die entscheidende Wende 1992. Damals sprühte ich mit Freunden häufig Anti-Nazi-Sprüche an die Wände unseres Viertels. Ich machte das, um meine politische Meinung kundzutun, aber auch um so auf mich aufmerksam zu machen. Das geschah zwar eher unbewusst, aber im Nachhinein muss ich sagen, dass es ein wichtiger Grund war. Später dachte ich mir meine ersten Künstlernamen aus und malte diese mit Stiften auf Schulbänke oder sprühte sie mit Dosen auf Wände. Dieses tat ich aber schon in dem vollen Bewusstsein auffallen zu wollen. Ich wollte Freunde beeindrucken und natürlich auf mich aufmerksam machen. Damals tagte ich schon ohne zu wissen, dass es so etwas überhaupt gab.

Wie ging es dann weiter?

Mit der Zeit reichte es eben nicht mehr aus seinen selbst gewählten Namen auf Schulbänke zu kritzeln. Ich wollte mehr auffallen und wollte ein Teil der Graffiti-Szene werden, die zu diesem Zeitpunkt gerade entstand. Also musste ich größere Graffitis malen, musste an schwierigere Stellen herankommen und quantitativ die Anderen natürlich überbieten. Dabei sah ich mich niemals als den größten Künstler. Meine Fähigkeiten waren gestalterisch doch eher beschränkt, also musste ich in die Größe gehen, um gesehen zu werden.

Dir war doch aber bewusst, dass das, was du getan hast, illegal war und dass man dafür doch erhebliche Strafen bekommen konnte?

Auf jeden Fall war ich mir dessen bewusst und es veranlasste mich auch vorsichtiger zu sein, wenn ich abends alleine oder mit Freunden loszog, aber es war niemals ein Grund darüber nachzudenken mit dem writen aufzuhören. Ich rechtfertigte es für mich immer mit dem Argument, dass ich auch gegen meinen Willen dazu gezwungen wurde graue Wände zu ertragen, also kann es auch nicht viel schlimmer sein, wenn diese Wände mit einigen Farben verziert wurden. Damals war ich immer der Meinung, dass ich nur aufgehört hätte, wenn Graffiti legal geworden wäre. Damit wäre der Hauptteil der Attraktivität dieses Hobbys schlagartig weggefallen.

Hast du dich nur mit Graffiti beschäftigt oder wurden auch andere Felder der Hip-Hop-Kultur für dich attraktiv?

Von Anfang an hatte ich ja ein großes Interesse an der Rap-Musik und als ich merkte, dass meine malerischen Fähigkeiten doch stark eingeschränkt waren, fing ich mit dem Rappen an. Es begann auf Partys mit Freunden, bei denen wir aus Spaß anfingen der Reihe nach zu rappen. Jeder versuchte das, was ihm gerade einfiel, in Reimform zu packen und besser als der andere zu sein. Das waren wirklich schöne Momente, die für viel Spaß sorgten. Seitdem wurde das Rappen für mich immer wichtiger. Ich erkannte, dass meine Ausdrucksmöglichkeiten dabei viel größer waren als beim Graffiti.

Wie verlief dann der Anfang deiner Rapkarriere?

Irgendwie ging dann alles ganz schnell. Mehrere meiner Freunde begeisterten sich auch fürs Rappen. Wir trafen uns öfter bei mir und starteten erste Versuche mit meinem Computer Musik zu machen und diese dann auch zu verewigen. Einige Monate später traf ich dann durch Zufall einen alten Kumpel, der sich auch für das Musikmachen interessierte, aber dazu noch ein paar Instrumente besaß und schon bildeten wir mit 2 anderen Freunden eine Band mit dem Namen POETIX .
Diese Zeit kommt mir im Nachhinein wie ein einziger Rausch vor. Wir hatten Träume mit unserer Musik groß durchstarten zu können. Wir legten unsere gesammelten Ersparnisse zusammen, um uns neues Equipment kaufen zu können. Wir organisierten Partys, um auftreten zu können. Mein gesamter Alltag drehte sich ums Rappen. Es gab wirklich nichts, was mir zu diesem Zeitpunkt wichtiger war.

Woher kam dieser Enthusiasmus?

Ich fühlte, dass ich durch die Musik meinem Leben einen Sinn geben konnte. Es gab auf einmal eine Möglichkeit mich auszudrücken. Ich konnte Dinge laut sagen und sie gleichzeitig einem Publikum zugänglich machen. Ich war Teil einer Szene und wurde auch als dieser anerkannt. Außerdem war die gesellschaftliche Akzeptanz für Rap-Musik viel größer als für Graffiti und es taten sich Perspektiven für meine Zukunft auf, denn für einen relativ langen Zeitraum träumte ich ja davon, mit Musik Geld verdienen zu können.

Haben sich denn deine Träume erfüllt?

Teilweise. Ich nutze Rap-Musik als mein persönliches Sprachrohr, als meine Möglichkeit andere Menschen auf meine Gedanken, Meinungen und Gefühle aufmerksam zu machen. Und ehrlich gesagt hat mir das ganz schön viel gebracht. Wenn man sich selber zwingt sich mit einem bestimmten Thema auseinanderzusetzen, dieses klar und sinnvoll zu artikulieren und alles auch noch in Reimform zu bringen, setzt man einen Prozess der Selbstreflexion in Gang, der mir des öfteren geholfen hat mit Problemen besser umzugehen. Finanziell war das Unternehmen Rap-Musik nicht ganz so erfolgreich wie erhofft, aber das wurde mir mit der Zeit auch egal. Das Gefühl ein fertiges Album zu hören, es einigen Freunden vorspielen zu können und vielleicht auch noch die eine oder andere Kopie zu verkaufen, ist eine unglaubliche Befriedigung für mich und ausreichend Lohn für die Arbeit.

Wie stehst du heute zu Hip-Hop und Rap-Musik?

Das ist etwas kompliziert. Ich mag, nach wie vor, Rap-Musik und stehe auch voll hinter der Subkultur Hip-Hop, nur wie diese zurzeit in den Medien repräsentiert wird, trifft nicht ganz meinen Geschmack. Fast alles, was mich damals zum Hip-Hop brachte, ist heute kein Bestandteil der populären Hip-Hop-Kultur. Vor allem Rap-Musik ödet mich an. Ich hörte die ersten Hip-Hop-Alben aufgrund ihrer Aussage, ihrer Radikalität, ihrer politischen oder provokanten Botschaften. Heute ist Rap-Musik zum reinen Unterhaltungsmedium geworden. Es geht in den Texten fast ausschließlich um Partys, Sex und Geld, was erstmal ja kein Problem darstellen würde, denn früher existierten diese Themen auch in der Rap-Musik, aber die Art und Weise, wie man sich ausdrückt, ist für mich eher langweilig geworden, ich habe so oft das Gefühl, alles schon einmal gehört zu haben. Die Musikvideos sehen sich erstaunlich ähnlich und der ganze Lifestyle, der dabei repräsentiert wird, entspricht nicht dem meinigen. Trotzdem mag ich immer noch den Rhythmus und regelmäßig erscheinen auch noch gute Hip-Hop-Alben, aber insgesamt muss ich feststellen, dass ich meine tägliche Dosis Rap-Musik doch eher aus den alten Reserven ziehe.

Ein wenig anders ist meine Einstellung zum Graffiti und zum Breakdance. Bei den Writern bewundere ich immer noch ihren Mut und ihren Willen, egal durch welche Gesetzesänderungen sie dazu gezwungen werden sollen, sich gegen die Polizei und die Standpunkte großer Teile der Gesellschaft durchzusetzen. Sie sprühen immer noch ihre Schriftzüge an Wände und Züge, sie zeigen der Welt immer noch, dass sie existieren und für mich ist eine besprühte Wand immer noch schöner als eine graue und langweilige. Beim Breakdance ist das ähnlich. Die Tänzer sind ja auch fast komplett aus der öffentlichen Wahrnehmung verschwunden, trotzdem gibt es noch welche, die für sich in ihren Crews täglich trainieren und versuchen diesen Teil der Hip-Hop-Kultur weiterzuentwickeln.

5.3. AGOM

Stell doch du dich auch erstmal vor und erwähne dabei doch gleich, warum u diesen Namen ausgewählt hast?

Also der Name, unter dem ich dieses Interview führen möchte, ist AGOM. Das ist natürlich nicht der Name, den meine Mutter mir gegeben hat, sondern ein selbst gewählter Künstlername. Ich bin 26 Jahre alt und war mehrere Jahre als Graffitiwriter aktiv.

Wofür hast du diesen Künstlernamen benutzt und hat er eine bestimmte Bedeutung?

Ich habe diesen Namen als Graffitisynonym benutzt. Eine besondere Bedeutung hat er nicht, ich habe bei der Namenswahl eigentlich nur darauf geachtet, welche Buchstaben ich am besten malen und meinen Wünschen entsprechend verformen und umgestalten kann.

Du hast ja bereits erwähnt, dass du als Graffitiwriter unterwegs warst.
Beschreibe doch einfach mal deine Motivation und deinen Werdegang!

Angefangen mit Writen habe ich gegen Ende der 90er Jahre. Ich sah damals viele Graffitis in meiner Umgebung. Diese haben mir sofort gefallen und ich wollte so etwas unbedingt selbst ausprobieren. Ich habe die Sprüher damals immer dafür bewundert, wie sie an Stellen malen konnten, die aus der Entfernung so gefährlich aussahen. Ich fand es faszinierend, dass es Menschen gab, die eine Häuserwand über Nacht nach ihren Wünschen umgestalten konnten und keiner konnte etwas dagegen tun.

Also habe ich auch angefangen mir erste Sprühdosen zu kaufen oder zu klauen. Anfangs habe ich bei meinen Eltern im Keller ein wenig rumprobiert, aber die Akzeptanz meiner Eltern für diese künstlerische Umgestaltung ihres Kellers hielt sich doch stark in Grenzen. So musste ich auf die Straße gehen. Zuerst suchte ich abgelegene Wände um zu üben, aber irgendwann wollte ich natürlich, dass auch andere sehen, was ich kann, und so musste ich zwangsläufig dahin gehen bzw. sprühen wo Andere waren.

Was war das für ein Gefühl nachts loszugehen und an Wände zu sprühen?

Erst war es natürlich aufregend und spannend. Ich musste ja alles so heimlich, wie nur möglich, machen. Meine Eltern sollten nichts von meinem neuen Hobby wissen und erwischt werden wollte ich auch nicht. So schlich ich mich nachts aus dem Haus und ging zu den Stellen, die ich mir schon tagsüber ausgesucht hatte. Da ich in der ersten Zeit immer alleine unterwegs war, musste ich beim Sprühen gleichzeitig darauf achten, dass mich keine Anwohner sahen und vielleicht die Polizei riefen. In meiner Anfangszeit sprühte ich ja noch eher kleine Pieces, das hing mit meiner Angst zusammen, weil ich ja schnell fertig werden wollte und damit, dass ich damals noch sehr sparsam mit meinen Dosen umgehen musste. Auf jeden Fall war das die aufregendste Zeit meiner Graffitikarriere. Die Mischung aus Aufregung, Angst und Nervenkitzel stellte sich in dieser Intensität nie wieder ein und doch war sie die ganzen folgenden Jahre mein Ansporn weiterzumachen. Außerdem bekam ich langsam mit, dass Mitschüler und Bekannte sich fragten, wer in ihrer Gegend die ganzen Bilder an die Wände sprühte. Diese Art von Aufmerksamkeit für meine eigene Arbeit war ich, bis zu diesem Zeitpunkt, nicht gewohnt, es machte mich stolz und zwang mich gleichzeitig dazu immer weiterzumachen.

Wie wirkte sich dieser Ansporn auf deine Graffitikarriere aus und warum trieb er dich dazu immer weiterzumachen?

Irgendwann wollte ich, dass immer mehr Menschen und vor allem andere Writer sahen, was ich tat. Ich wollte mit aller Macht, dass von mir Notiz genommen wird, denn zu dieser Zeit war ich noch eher ein Außenseiter. Ich hatte keine wirklichen Freunde und in der Schule war ich nicht mal mittelmäßig gut, auch fühlte ich mich oft von meinen Eltern alleingelassen. Im Nachhinein muss ich sagen, dass ich immer einen Weg gesucht habe, die Aufmerksamkeit auf mich zu lenken und Graffiti war dieser Weg.

Doch als ich erstmal Blut geleckt hatte, gab es kein Zurück mehr. Es wurde praktisch zur Sucht. Ich liebte es durch die Schule zu gehen und zu hören, wie sich Mitschüler fragten, wer in der letzten Nacht die ganze Turnhalle voll gesprüht hat, ich liebte es in der Straßenbahn zu sitzen und zu hören, wie sich ältere Leute über die Jugendlichen aufregten, die alle schönen Wände mit ihrem Gekritzel beschmutzten. Sobald sich dann die erste Aufregung über die neuen Bilder wieder gelegt hatte, musste ich diese natürlich überbieten. Ich musste immer mehr, immer größer und immer auffälliger malen.

Irgendwann begannen natürlich auch andere Writer von mir Notiz zu nehmen. Das ehrte mich und langsam fing ich an mich in diesen Kreisen zu outen. Ich bekam Respekt und Anerkennung und plötzlich war ich Teil einer Szene, die ich, bis vor kurzem noch, nur bewundernd aus der Ferne beobachtet hatte.

War dieser Respekt wichtig für dich und hatte er Einfluss auf andere Bereiche deines Lebens?

Auf jeden Fall war es wichtig für mich, dass ich für meine Werke respektiert wurde. Es war ja auch ein ganz neues Gefühl. Vorher war ich ja, wie schon gesagt, eher der Typ Außenseiter, jetzt wollten mich auf einmal Menschen kennenlernen, die ich bloß von den Wänden der Stadt kannte, die meine Vorbilder waren, die mich durch ihre Werke erst dazu gebracht haben mit dem Sprühen anzufangen. Jüngere und Anfänger fragten mich, was ich von ihren Arbeiten hielt, mein Urteil bekam Bedeutung und es hört sich vielleicht doof an, aber ich hatte Fans, die mich für das, was ich tat, bewunderten.

Meinem Selbstbewusstsein tat das alles natürlich gut. Ich fühlte mich stärker und wichtiger. Ich ging stolz durch die Straßen und empfand das erste Mal, dass ich etwas wert sei, dass ich nicht alles nur schlecht bis mittelmäßig bewältigt kriege, sondern, dass ich etwas besser kann, als die meisten anderen. Meine Schulleistungen wurden dadurch zwar nicht besser, eher noch schlechter, aber aus der jetzigen Sicht kann ich sagen, dass ich damals anfing zu leben.

Hast du in der folgenden Zeit dann genauso aktiv weitergemalt und was bevorzugst du, legales oder illegales writen?

Ich habe immer weitergemalt. Ich wollte ja meine erkämpfte Position halten und dafür war es wichtig weiterzumalen und besser zu werden. Besser werden bedeutete dabei für mich, größere Bilder zu malen, sie sollten schon von Weitem erkennbar sein. Jeder in der Stadt sollte schon einmal meinen Namen oder den meiner Crew gesehen und gelesen haben, das war mein Ziel.

Ich habe größtenteils illegal gemalt, zwar habe ich mich auch mal tagsüber an legalen Wänden eingefunden und ein wenig gemalt, aber das hat mich nicht befriedigt. Ich empfand es immer als langweilig für ein Bild ewig Zeit zu haben, alles 10-mal überdenken und verbessern zu können nahm dem Ganzen den Reiz. Ich respektiere natürlich die Writer die legal malen, aber wirkliches Graffiti findet für mich illegal statt und Writer, die ausschließlich legal malen, sind für mich eher Künstler, keine Writer.

Malst du heute auch noch?

Nein. Ich habe vor ca. 2 Jahren damit aufgehört, weil mein Leben sich zu dieser Zeit sehr stark veränderte. Ich bekam zunehmend Probleme mit der Polizei und das belastete mich doch ganz schön. Ich stand kurz davor mir meine Zukunft aufgrund von Vorstrafen endgültig zu verbauen und musste die Notbremse ziehen. Außerdem nahmen die Herausforderungen auch allmählich ab. Ich hatte schon alles bemalt, was ich mir vorstellen konnte. Ich habe die größten, die gefährlichsten und die auffälligsten Pieces gemalt. Es gab nichts mehr, was mich ausreichend reizte und das Gefühl aus meiner Anfangszeit stellte sich auch nicht wieder ein.

Privat veränderte sich auch vieles und meine jetzige Frau würde auch nicht akzeptieren, wenn ich 2, 3-mal die Woche abends die Wohnung verlasse, um Wände zu besprühen.

Wie ist heute deine Einstellung zu deinem Graffitileben und zur derzeitigen Graffitisituation?

Ich bin Graffiti dankbar. Es hat mir gezeigt, dass ich etwas kann und hat mir die Möglichkeit gegeben dieses allen zu zeigen. Es war ein wichtiger und schöner Teil meiner Jugend und hat maßgeblich dazu beigetragen, was ich jetzt bin und wie ich mich jetzt fühle. Ich frage mich manchmal, wie mein Leben verlaufen wäre, wenn ich nicht mit dem Sprühen angefangen hätte und komme dann zu dem Ergebnis, dass ich wahrscheinlich immer noch ein kleiner schüchterner Außenseiter wäre.

Wenn ich heute durch die Straßen gehe, achte ich natürlich immer noch darauf, wo neue Bilder sind und wer diese gemalt hat. Ich liebe es die verschiedenen Stile zu vergleichen und bewundere jeden Versuch Graffiti weiterzuentwickeln. Graffitis sind, für mich persönlich, bunte, lebensbejahende Ausrufezeichen im grauen Alltag der Großstadt. Sie sind Zeichen dafür, dass sich nicht jeder Jugendliche von der kalten Plastikwelt beherrschen lässt, sie sind für mich ein Zeichen der Freude, der Auflehnung und des Zorns.

6. Musik als Medium in der Jugendarbeit

Musik begleitet jeden Jugendlichen, tagein, tagaus. Zuhause spielt das Radio oder der CD-Player, unterwegs wird ein MP3-Player benutzt und auf dem Schulhof unterhält man sich über die neusten Musikvideos. Es gibt kaum einen Platz im Alltag der heutigen Jugend, der nicht musikalisch untermalt ist. Lediglich in der Schule und auf der Arbeit wird auf Musik verzichtet, doch sobald die Freizeit beginnt, spielt die Musik wieder und begleitet die Teenager und jüngeren Erwachsenen durch ihre freien Stunden.

Es gibt in der sozialpädagogischen Jugendforschung zahlreiche Beispiele, welche die Bedeutung von Musik in der Entwicklungsphase belegen. „Die besondere Affinität Jugendlicher zum Musikhören, ebenso wie zum aktiven Musizieren, besteht in den reichhaltigen Möglichkeiten sich über Musik mit Gleichaltrigen auszutauschen, Musik zu genießen, Gefühle durch Musik zu verstärken, sich über Musik soziale Orientierungen zu verschaffen, in Gruppen gemeinsame musikalische Vorlieben zu pflegen" (Hill, 2002, S.195) All das ist in der jugendlichen Entwicklungsphase besonders gefragt, denn die Jugendlichen beginnen sich als eigenständige Persönlichkeiten zu entwickeln und wahrzunehmen. Sie entwickeln individuelle Verhaltensmuster und suchen gleichzeitig Antworten auf die Fragen, welche durch die auftretenden körperlichen Veränderungen sowie durch die neuen Herausforderungen und Aufgaben entstehen. Musik kann dabei helfen den Kampfansagen des Lebens zu widerstehen, indem sie durch Kommunikationsangebote vermittelnd wirkt oder als "Mittel des Genuss- oder Bewältigungsverhaltens" (Hill, 2002, S.195) genutzt wird. Zusammengefasst gesagt ist Musik als Mittel der Jugendarbeit unverzichtbar geworden, wobei natürlich jede Art von Musik für die Arbeit mit Jugendlichen genutzt werden kann. Da in dieser Arbeit aber das Hauptgewicht auf die Hip-Hop-Kultur gelegt wird, möchte ich die Möglichkeiten beschreiben, die sich durch die Nutzung dieser Kultur ergeben könnten.

6.1. Die Wirkungen von Musik

Die Bedeutung von Musik für die Jugendarbeit entsteht zweifellos aus ihrer Wirkung auf die Konsumenten bzw. auf die Produzenten. Es liegen inzwischen umfangreiche Untersuchungen vor wie Musik auf Jugendliche wirkt und wie man diese Wirkungen für die Jugendarbeit nutzen kann. Jürgen Terhag beschreibt die Funktion populärer Musik für Jugendliche, z.B. als Daseinserleichterung, Affektidentifikation und vitale Ekstase. Weiterhin versteht er sie als ein Fluchtventil aus einer nicht bewältigten Umwelt und als Ausdrucksform für jugendlichen Protest. Musik wird als Mittel genutzt welches soziale Kontakte vereinfacht oder herstellt und sie kann zur Erweiterung des Vorstellungsbereiches einer Eigenwelt der Jugend genutzt werden. Musik ist in der heutigen Zeit auch immer öfter ein Mittel zur Erfahrung subkultureller Identität mit einer Präferenz bis an Lebensende. (vgl. Jantzer/ Krieger 1995, S. 18) Hermann Rauhe hat außerdem noch die psychologische Funktion von Musik in zwei Gruppen zusammengefasst. Er unterscheidet dabei erstens die individualpsychologische Funktion. Dabei dient Musik zur Unterhaltung, zur Zerstreuung oder zur

Betäubung. Sie kann zur Überwindung von Einsamkeit oder zur Befriedigung des eigenen Geltungsbedürfnisses genutzt werden. Außerdem kann Musik stimulierend, entspannend und tröstend wirken. Die zweite Gruppe der psychologischen Funktionen von Musik ist, nach Rauhe, die sozialpsychologische Funktion. Hierbei wird Musik als Status- und Gruppensymbol genutzt. Sie kann außerdem als Mittel der Abgrenzung, der Kompensation, der Selbstfindung und der Selbstidentifikation genutzt werden. (vgl. Jantzer/ Krieger 1995, S.17) Auch Jorgos Canacahis-Canas ist sicher, dass Musik nützliche Funktionen besitzt. So beschreibt er, dass Musik physiologische Wirkungen hervorruft welche die Muskeln des Körpers anregen bzw. antreiben und dadurch Bewegungen sowie Entspannungen auslösen. Seiner Meinung nach kann Musik die psychische Dynamik mobilisieren indem sie Gefühle und Stimmungen verändert. Musik kann zur Erleichterung und Vereinfachung der zwischenmenschlichen Kontakte beitragen, weil sie eine Kommunikation auf anderen, unbelasteten Ebenen ermöglicht. Außerdem kann Musik nach Meinung von Canacahis-Canas die Imaginationskräfte des Menschen bisher verborgene Wege beschreiten lassen und weiterhin besitzt sie die Möglichkeit Assoziationspotentiale im menschlichen Organismus zu aktivieren. Musik kann die schöpferischen Energien und Reserven deutlich machen und hilft dadurch den Jugendlichen auf spielerischem Weg mit der Welt im Hier und Jetzt in Beziehung zu treten. Musik kann die Erlebnis- und Genussfähigkeit steigern und trägt dazu bei, die eigene Wahrnehmungsfähigkeit zu entwickeln und zu verfeinern. (nach. Jantzen/Krieger 1995, S.17) Die bisher beschriebenen Wirkungen treten vor allem bei Jugendlichen auf, die Musik konsumieren. Doch darf man nicht übergehen, dass Musik außerdem ein ideales Instrument darstellt um sich selber auszudrücken, um die eigene Kreativität zu testen und zu erweitern. Rap-Musik eignet sich mit den technischen Möglichkeiten der Gegenwart hervorragend, um Jugendliche selber an das aktive Produzieren von Musik heranzuführen. Man benötigt im günstigsten Fall lediglich einen Computer, ein Mikrofon und die entsprechenden Programme. Auch muss der jeweilige Musiker nicht singen können oder ein Instrument beherrschen, das wichtigste bei der Rap-Musik ist die eigene Stimme und ein gewisses Talent sich mit Wörtern in Reimform ausdrücken zu können. Selbst wenn keine Möglichkeit besteht eigene Instrumentale mit Hilfe eines Computers zu produzieren, kann man immer noch bereits existierende Instrumentalversionen nutzen, um auf sich aufmerksam zu machen. Die amerikanische Wissenschaftlerin Patricia Farrell hat Jugendliche beobachtet die aktiv Musik betreiben und konnte dabei folgende Wirkungen und Funktionen von Musik wahrnehmen. Sie konnte feststellen, dass Musik integrierend wirkt, sie eröffnet Möglichkeiten einer geistigen Erfahrung und fördert die Kommunikation. Das Produzieren von Musik gewährt einen psychologischen Ausgleich und lässt dabei ein Gemeinschaftsgefühl erfahren. Die aktive Produktion von Musik wird im allgemeinen um ihrer selbst willen betrieben und was vielleicht am wichtigsten ist, sie wird als beiläufige, gelegentliche Betätigung aufgefasst.

6.2. Musik als Hilfe zur Selbstsozialisation

Die Aufgabe und die Herausforderung der Jugendzeit besteht zum größten Teil darin, zu lernen und zu erfahren sich in dieser Entwicklungsphase als eigenständige Person wahrzunehmen bzw. kennen zu lernen. Dieser Prozess wird noch verkompliziert durch plötzlich auftauchende körperliche Veränderungen und Gefühle. Doch werden in dieser Zeit auch neue   Handlungsmöglichkeiten entdeckt. „Müller macht mit dem Begriff musikalische Selbstsozialisation deutlich, dass insbesondere die populäre Musik für Jugendliche in diesem Entwicklungsprozess vielfältige Funktionen haben kann." (Hill 2002, S.195) Dementsprechend sind die musikalischen Aktivitäten in der Jugendphase von großer Bedeutung für die Jugendarbeit, können sie doch als Hilfsmittel zur Selbstsozialisation der Jugendlichen genutzt werden. „Der Begriff Selbstsozialisation verweist in diesem Zusammenhang auf die Ressourcen, welche die Jugendlichen in ihren Cliquen und Szenen oftmals zu Handlungskompetenzen ausbauen, die sie in den modernen (...) Gesellschaften benötigen." (Hill 2002, o.a.) Dazu gehören hauptsächlich, der Umgang mit sozialen Codes, das Zurechtfinden in sich ständig verändernden sozialen Räumen sowie das Verstehen und Akzeptieren der sich wandelnden Zeichen und gesellschaftlichen Symbole. Traditionelle Sozialisationsinstanzen wie die Schule oder das Elternhaus können den Jugendlichen dabei immer weniger helfen und so suchen diese sich andere Wege, um sich der Gesellschaft anzupassen oder damit sich die Gesellschaft ihnen anpasst. „Kurz gesagt: Jugendliche sind Experten ihrer Lebenswelt, zu der Erwachsene, seien es Eltern oder Lehrerinnen und Lehrer, oftmals kaum noch

Zugang haben, von denen sie diesbezüglich gelegentlich auch nur noch begrenzt lernen können." (Hill 2002, o.a.)

In der Lebenswelt von Jugendlichen spielt Musik eine entscheidende Rolle. Sie verbindet Ausdrucksformen wie den Kleidungsstil, die Körpersprache oder den Gestus und setzt den Gesamteindruck in einen sinnhaften Zusammenhang. Erwachsene kommen dem Tempo von neuen Ausdrucks- und Darstellungsformen dabei nur selten hinterher und bleiben, zumeist beabsichtigt, dadurch häufig außen vor. Das führt oft zu Missverständnissen und zu Konflikten mit Meinungen und Ansichten von Eltern, Lehrer oder Ausbildern. Diese Abgrenzungsversuche sind aber Teil der jugendlichen Selbstsozialisation und damit auch ein wichtiger Bestandteil der Jugendarbeit.

Nach der Konzeption von Erikson, welche die Jugendphase als Moratorium sieht in der Identitätsexperimente erlaubt sind, soll Jugendarbeit die Sozialisation unter Gleichaltrigen in einem adäquat institutionalisierten Rahmen fördern. Jugendarbeit soll dabei insbesondere Selbstbestimmung und Eigenständigkeit ermöglichen und die Sozialisationsinstanzen Familie und Schule ergänzen. (vgl. Hill 2002, S.198)

Musik ist dabei ein geeignetes Medium um diesen Ansprüchen gerecht zu werden. Sie kann dazu beitragen, dass die musizieren Jugendlichen es lernen Kompromisse im Rahmen der Musik einzugehen. Sie schafft neue Ausdrucksmöglichkeiten der eigenen Identität und hilft dabei kommunikative und kreative Potenziale weiter zu entwickeln. Die Jugendlichen entscheiden im musikalischen Prozess welche Melodien und Reime am besten geeignet sind und den größtmöglichen Anteil am Gruppengeschmack treffen. Kurz gesagt: „Musik ist nach wie vor ein ideales Medium für diese Prozesse, da sie genug Kommunikations- und Gestaltungsmöglichkeiten offen lässt, die für Jugendliche interessant sind und von ihnen ausgefüllt werden können." (Hill 2002, S. 206) Musik kann also einen wichtigen Teil zur Selbstsozialisation beitragen, weil sie ein geeignetes Medium ist um neue Interaktionsmöglichkeiten bereitzustellen, welche die Jugendlichen zum größten Teil selbst bestimmen können. Die Interventionen der Sozialpädagogen sollten sich dabei auf das unmittelbar Notwendige beschränken und sich ansonsten als Anregung verstehen, die Differenzerfahrungen ermöglicht.

7. Praxisprojekte zur sozialpädagogischen Arbeit mit Rap-Musik

Es gibt in der sozialpädagogischen Praxis schon mehrere Versuche mit Hilfe von verschiedenen Projekten Rap-Musik für die Jugendarbeit zu nutzen. Das bekannteste ist wohl das Hip-Hop-Mobil, welches, angelehnt an die Idee vom Rockmobil, schon seit Jahren erfolgreich in der Jugendarbeit genutzt wird. Ich werde die Idee des Hip-Hop-Mobil im nächsten Kapitel ein wenig näher beschreiben, um somit auf eine Möglichkeit aufmerksam zu machen wie Hip-Hop bereits für die Jugendarbeit genutzt wird.

Ich möchte in dieser Arbeit aber einen anderen konzeptionellen Ansatz verfolgen, um somit eine Alternative zum bisher bestehenden Hip-Hop-Mobil anzubieten. Dabei orientiere ich mich am multikulturellen Projekt, welches Krieger und Jantzen in ihrem Buch Rockmusik in der sozialpädagogischen Gruppenarbeit vorgestellt haben. In dem erwähnten Buch wird zwar ausschließlich auf die Nutzung von Rockmusik für die sozialpädagogische Arbeit eingegangen, trotzdem scheint mir diese Konzeption geeignet, um die Ausstrahlung und Kraft die Rap-Musik, Breakdance oder Graffiti für einen großen Teil der Jugendlichen haben, für die sozialpädagogische Arbeit nutzen zu können.

7.1. Das Hip-Hop-Mobil

Das Hip-Hop-Mobil ist ein Projekt welches seit 1993 im Großraum Berlin existiert und dort pädagogisch tätig ist. Dieses Projekt wird vom Arbeitskreis Medienpädagogik e.V. durchgeführt und dabei von der Berliner Senatsverwaltung für Bildung, Jugend und Sport finanziell unterstützt.

Das Hip-Hop-Mobil kann von Schulen gebucht werden und bietet dann verschiedene Workshops, das Thema Hip-Hop betreffend, an. Dabei beläuft sich der finanzielle Aufwand der Schulen auf 1€ pro Schüler, der Rest wird vom Arbeitskreis Medienpädagogik finanziert. Das Hip-Hop-Mobil kann für einmalige Bereicherungen des Schulunterrichts gebucht werden, im Angebot stehen aber auch längerfristig geplante und durchgeführte Seminare, Projekttage oder -wochen. „Das Hip-Hop-Mobil wird seit jeher von aktiven MCs, DJs und Breakern "aus der Szene" geführt. Es gibt viele bekannte Leute, die beim oder mit dem Hip Hop-Mobil gearbeitet haben. Sei es DJ TOMEKK, HARLEKINZ, DJ DESUE,

KOLL SAVAS, FU MAN SHU, JUSTUS JONAS, REBEL ONE, DA POISE, GAUNER, SAEED (Funk All Ya), SPEICHE, DJ CONTRA, DJ OPOSSUM, bis hin zu Rudolph Scharping... viele bekannte Namen der Berliner Hip-Hop-Szene." (www.hiphopmobil.de/index2.html, 09.06.06)

Die Mitstreiter des Hip-Hop-Mobils haben es sich zur Aufgabe gemacht den Jugendlichen die Hip-Hop-Kultur näher zu bringen. Sie verstehen sich dabei nicht als Teil der offenen Jugendarbeit, sie wollen lediglich dazu beitragen, dass die teilnehmenden Heranwachsenden einen Einblick bekommen was Hip Hop überhaupt ist. In Workshops, bei denen die Jugendlichen dann erste Erfahrungen im Rappen, Breaken oder Sprühen sammeln können, soll vermittelt werden, dass Hip-Hop eine Subkultur ist bei der es vielfältige Ausdrucksmöglichkeiten geben kann. Trotzdem wollen die Mitglieder der Hip-Hop-Mobils nicht zu viele Techniken vorwegnehmen, vielmehr geht es ihnen darum den Jugendlichen begreifbar zu machen, dass Hip-Hop schon immer eine autodidaktische Kultur gewesen ist, welche sich dadurch auch hervorragend eignet, um sich persönlich und individuell dort wiederzufinden bzw. auszudrücken. „Über diesen Weg ist es sehr wirkungsvolle Jugendarbeit. 1. Weil wir "echte" Leute sind, keine Sozialpädagogen (die es geben muss, ganz klar. Aber oft kommen sie nicht wirklich an die Jugendlichen heran). 2. Wenn man die Kids erstmal "angezeckt" hat, selbst was zu machen, und es zu ihrem Lebensinhalt wird, zu trainieren, zu schreiben, Hip-Hop zu leben, dann ist das die beste "Sozialarbeit", die man sich vorstellen kann." (www.hiphopmobil.de/index2.html, 09.06.06)

Auf diesem Weg wird das Hip-Hop-Mobil sozialpädagogisch genutzt. Eine Alternative zu diesem Modell möchte ich im nächsten Kapitel thematisieren.

7.2. Das multikulturelle Hip-Hop-Projekt

Die Jugendlichen der Gegenwart werden, ob sie wollen oder nicht, immer mehr zu einem Teil einer multikulturellen Gesellschaft. In den sozialen Randgebieten der Großstädte werden immer mehr Einwanderer und Asylbewerber angesiedelt. Viele Heranwachsende sehen sich mit Kulturen und Traditionen konfrontiert, welche für sie schwer zu verstehen sind. Nicht selten enden solche gezwungenen kulturellen Begegnungen in Streit und gegenseitiger Ablehnung. Dazu kommt die um sich greifende Perspektivlosigkeit, Wohnungsnot, Arbeitsplatzmangel und die damit in Verbindung stehenden geringen finanziellen Mittel. In vielen Stadtteilen Deutschlands kommt es zu sozialen Eskalationen, welche in Gewalt und Ablehnung gegen den jeweils Anderen endet.

Dieses Musikprojekt mit multikultureller Ausrichtung soll dabei helfen, bei den Jugendlichen sozial- und interkulturell-integrative Prozesse anzuregen und zu fördern, denn musikalische Grenzen gibt es zwischen den Jugendlichen weniger und wenn doch, dann ist eine Grenzüberschreitung oftmals einfacher.

Ich werde mich dabei hauptsächlich auf die Arbeit mit Rapbands konzentrieren, aber natürlich ist es auch möglich Breakdancegruppen oder Grafficrews auf diese Weise zu fördern und zu unterstützen.

7.2.1. Konzeption

Aggression und Gewalt durch Jugendliche hat sicher vielfältige Gründe. Zum Teil liegt es daran, dass sich Jugendliche häufig nicht mehr von ihren Eltern, Lehrerinnen und Lehrern verstanden fühlen und diese dadurch nicht in der Lage sind, die Probleme ihrer Kinder oder Schüler zu bewältigen. Aber auch mangelnde Alternativen für die Freizeitgestaltung sind verantwortlich für Gewalt und Zerstörung in den Stadtbezirken. „Demgegenüber steht die Erkenntnis, dass ein attraktives musikbezogenes Angebot in Form eines Musikprojektes über eine außerordentliche Akzeptanz verfügen könnte, wenn es bei entsprechender materieller und finanzieller Ausstattung von im Umgang mit Kindern und Jugendlichen des Stadtteils geschultem Fachpersonal begleitet wird." (Jantzen/ Krieger 1995, S. 41)

Die Zielgruppen bei diesem Konzept sind hauptsächlich Jugendliche die gemeinsam in einem Stadtteil leben. Sie sollten musikalisch interessiert sein oder eine Offenheit der Rap-Musik bzw. der Hip-Hop-Kultur gegenüber mitbringen. Es muss ein Interesse an gemeinsamen musikalischen Aktionen bestehen, welche die Gründung einer Band zum Ziel haben sollte. Außerdem ist es von Vorteil, wenn die einzelnen Mitglieder ein Interesse daran haben ihre speziellen musikalischen Traditionen zu bewahren und über den Schulunterricht hinaus in die Band zu integrieren.

Ziel des multikulturellen Hip-Hop-Projekts ist es die psycho-sozialen Dispositionen der Jugendlichen zu verändern. Ausgegangen wird dabei von einem

Ist-Zustand, welcher eine resignierende und desillusionierende Grundhaltung der Jugendlichen beinhaltet. Diese drückt sich häufig in einer geringen Frustrationstoleranz sowie einer niedrigen Toleranz- und Akzeptanzbereitschaft aus. Entstehende Probleme werden dabei nicht selten mit Alkohol und anderen Drogen kompensiert. Das wiederum setzt einen Kreislauf in Gang welcher zu starken Lern- und Verhaltensauffälligkeiten sowie zur Deliquenz führen kann. Jugendlichen mit diesen Einstellungen und Eigenschaften neigen dazu unserem gesellschaftlichen System sehr kritisch gegenüber zu stehen bzw. dieses in Teilgebieten komplett abzulehnen.

Der Aufbau von Rap-Bands und die Realisierung erstere kleiner Musikprojekte sollen zur Erhöhung der Frustrationstoleranz beitragen und aggressionsabbauend wirken. Auch wird der Aufbau musikalischer, personaler, sozialer und medialer Kompetenzen gefördert.

Durch das Erstellen erster gemeinsamer Band-Projekte, also Instrumentale und Texte der verschiedenen Band-Mitglieder, wird das Gruppen- sowie das Selbstwertgefühl aufgebaut oder gesteigert. Die einzelnen Musiker lernen es Verantwortung zu übernehmen und entwickeln gemeinsame Strategien, um die musikalischen Ziele zu meistern. Spätere Auftritte in der Öffentlichkeit, vor einem kritischen Publikum und die daraus entstehenden musikalischen Perspektiven, können weiterhin sozial integrierend wirken und positive Auswirkungen auf Schulleistungen, Freizeitgestaltung und gesellschaftliche Umgangsformen haben.

Der angestrebte Soll-Zustand stellt also einen selbstbewussten, sozial integrierten, verantwortungsbewussten Jugendlichen dar, welcher seine kreativen Potenziale besser ausnutzt und kompetent schulischen sowie beruflichen Herausforderungen gewachsen ist. Natürlich ist dieses der Idealzustand und wird in den seltensten Fällen in solchem Umfang erreicht werden, aber schon einzelne Verbesserungen des Ist-Zustand können positive Auswirkungen auf die weitere Lebensführung des entsprechenden Jugendlichen haben.

7.2.2 Sozialpädagogische Arbeitsansätze

Verschiedene Arbeitsansätze können genutzt werden um den angestrebten Soll-Zustand zu erreichen.

1. Der sozial integrative Ansatz

Dabei werden interkulturelle und sozial integrative Prozesse durch Planung kompletter, eigenständiger Programme gefördert. Diese sollen Platz lassen für verschiedenste ethische und kulturelle Ausrichtung von Hip-Hop. Dabei können z.b. die verschiedenen Teilgebiete der Hip-Hop-Kultur genutzt werden. So kann ein Projekt geplant werden, welches Auftritte verschiedener sich stilistisch unterscheidender Rap-Bands beinhaltet. Diese können visuell von Graffitikünstlern unterstützt werden, welche z.b. Hintergrundbilder gestalten oder ihre unterschiedlichen kulturellen Traditionen künstlerisch zum Ausdruck bringen. Breakdancer können die verschiedenen musikalischen sowie künstlerischen Ansätze dabei sportlich und tänzerisch verdeutlichen. So kann ein tagesfüllendes Programm entstehen, welches alle Teilgebiete der Hip-Hop-Kultur vereint und es trotzdem jeder Band, jedem Künstler oder Sportler erlaubt seine kulturellen und individuellen Eigenheiten und Vorstellungen zu integrieren.

2. Der systemorientierte Ansatz

Hierbei wird versucht sämtliche Ausdrucksformen jugendlicher Realität zu vereinen und gemeinsam zum Tragen kommen zu lassen. Das bedeutet, dass nicht nur die für sich stehenden einzelnen Subkulturen genutzt werden, sondern, dass ein Zusammenspiel dieser gefördert wird. Es kann z.B. darauf hin gearbeitet werden, dass Rockbands mit Rappern zusammen musizieren, das Breakdancer mit Jazztänzern gemeinsame Projekte entwickeln oder dass Graffitikünstler versuchen ihre Kunst mit anderen Maltechniken zu verbinden. Dieses wird dann in einen Gesamtrahmen mit einbezogen, welcher von den Jugendlichen getragen und mitgestaltet werden muss.

3. Der kindorientierte Ansatz

Bei diesem Ansatz besteht die Aufgabe der Sozialpädagogen und Betreuer darin, dass sie die künstlerische Umsetzung kindlicher Phantasien und Kreativität verantwortungsvoll begleiten.

4. Der Entstigmatisierungsansatz

Hierbei soll einer Negativstigmatisierung und Diskriminierung bestimmter Jugendlicher entgegengewirkt werden. Dieses kann durch eine Imageänderung erzielt werden, welche ihre Ursache z.B. in erfolgreichen Bandauftritten, gesprühten Bildern oder sportlichen Aktivitäten beim Breakdance haben kann.

7.2.3. Methodik und Didaktik

Da es bei diesem multikulturellen Hip-Hop- Projekt entscheidend ist, dass verschiedene Kulturen und künstlerische Vorlieben gleichberechtigt gefördert werden, orientiere ich mich bei der Methodik und Didaktik am stufenlosen Modell.

Stufenlos heißt dabei, dass keine Einschränkungen den Teilnehmerkreis betreffend existieren. Das bezieht sich auf die musikalische Vorbildung, auf die Vorlieben sowie auf die Nationalität, das Geschlecht und die bisherigen Erfahrungen mit der Hip-Hop-Kultur. Grundsätzlich wird dabei auf Gruppenarbeit wert gelegt. Dieser integrativ-ganzheitliche Ansatz wird verfolgt und schlägt sich in einer gebundenen Gruppenarbeit nieder. Der Schwerpunkt liegt im Erlernen einer Gruppenfähigkeit auf sozialem sowie musikalischem Gebiet. Dabei werden stets Möglichkeiten angeboten, welche das soziale Lernen auf den unterschiedlichen Feldern begleiten und unterstützen. Es wird immer an einem konkreten Projekt oder einer konkreten Perspektive gearbeitet. Das kann z.B. der nächste Auftritt sein oder die Fertigstellung eines Demobandes. Auf Kommunikation der einzelnen Gruppenmitglieder wird großen Wert gelegt. Ein Austausch der einzelnen Teilnehmer betreffs der musikalischen Vorlieben oder kulturellen Eigenheiten wird gefördert und angeregt. Es wird grundsätzlich nur an Projekten gearbeitet, die von den Jugendlichen auch angeregt wurden und gewollt werden. Die Rahmenbedingungen für diese Projekte gestalten sich die Jugendlichen eigenständig und eigenverantwortlich, wobei ein Ansprechpartner bei auftauchenden Problemen immer zur Verfügung stehen muss. Außerdem muss auf ein ausreichendes Zeitbudget geachtet werden, so dass die Jugendlichen nicht in die Situation geraten, sich zwischen Schule und Projekt entscheiden zu müssen. Bei musikalischen Problemen muss ein Fachmann immer beratend zur Seite stehen. Dieser muss aber trotzdem darauf achten, dass er die Vorstellungen und Kreativität der Jugendlichen durch sein fachliches Wissen nicht einschränkt.

7.2.4. Methodische Kompetenzen der Betreuer

Für die Sozialpädagogen, die solch ein Projekt betreuen ist es von entscheidender Wichtigkeit, dass sie mit den besonderen Bedürfnissen und Eigenheiten der Jugendlichen vertraut sind. Auch sollten sie eine gewisse Erfahrung in der Jugendarbeit besitzen. Die Betreuer sollten schon mit Gruppen gearbeitet haben und sozialpädagogisch intervenieren können. Doch sollte jede Intervention das Gruppeninteresse beachten und ihre Rechtfertigung aus diesem ziehen. Die sozialpädagogischen Betreuer sollten die Fähigkeit besitzen, persönliche Beziehungen zu Jugendlichen knüpfen zu können, um auf diesem Weg auch ihr Vertrauen zu erhalten. Außerdem sollte ein entsprechendes musikalisches Grundwissen bestehen sowie ein Interesse und eine Akzeptanz der Hip-Hop-Kultur. Ideal wäre wenn der Mitarbeiter selbst musikalisch aktiv wäre (Vorbildcharakter). Wichtiger ist jedoch, dass der Betreuer in der Lage ist, das notwendige Wissen interessant und mit Freude vermitteln zu können. Von Vorteil ist, wenn der sozialpädagogische Betreuer die Fähigkeit besitzt verschiedene Sprachen zu verstehen, damit er besser zwischen den einzelnen Jugendlichen vermitteln kann. Außerdem ist ein Wissen um verschiedene kulturelle und religiöse Zusammenhänge von großer Bedeutung, um so besser mit den verschiedenen Eigenheiten arbeiten zu können. „Zu guter Letzt ist ein gerütteltes Maß an Durchsetzungsfähigkeit und Richtlinienkompetenz bei unfruchtbaren Diskussionen gefragt." (Jantzen/ Krieger 1995, S. 39)

7.2.5. Ziele

Die Teilnahme an diesem Projekt soll den Jugendlichen helfen auf anderen Ebenen neue wichtige Erfahrungen zu machen. Sie sollen lernen durch den möglichen Erfolg solch eines Projektes ihre eigene Identität zu finden oder zu stärken. Die Steigerung des Selbstwertgefühls und der Toleranz anderen Jugendlichen und ihren Kulturen gegenüber ist ein Ziel sowie das Entstehen neuer Freundschaften. Vorurteile sollen abgebaut werden, die Experimentier- und Improvisierfreude soll gefördert werden. Andere Ziele sind die Steigerung der eigenen Sensibilität, die Akzeptanz anders denkender und -fühlender sowie die Steigerung der Kommunikationsfähigkeit. Eine Ausdehnung oder Erweiterung der jugendlichen Lebenswelten ist ebenso wie der Abbau des ethnozentristischen Denkens erwünscht. Außerdem soll für die Teilnehmer erkennbar werden, dass Musik nicht nur zur Kompensation der eigenen Kreativität genutzt werden kann, sondern dass dieses auch gleichzeitig Arbeit ist. So können idealisierte Vorstellungen, welche die Musikwelt betreffen korrigiert und Erfahrungen gesammelt werden, die Arbeit nicht als grundsätzlich schlecht abstempeln.

7.2.6. Rechtliche Grundlagen

Die rechtlichen Grundlagen für die Durchführung eines solchen Projektes sind im Kinder- und Jugendhilfegesetz (KJHG) festgeschrieben. Dieses Gesetz liefert die umfassende Rechtsgrundlage für Bund, Länder und Gemeinden. Das KJHG bietet den rechtlichen Orientierungsrahmen, ist aber nur in Teilbereichen als Pflichtkatalog zu verstehen. Ein Großteil der dort beschriebenen Leistungen sind Kann-Leistungen. Auf diese Leistungen besteht kein Rechtsanspruch, dadurch können sie nicht eingeklagt werden. Einschränkend, auf die finanzielle Unterstützung der Kommunen, kann auch deren Recht auf Selbstverwaltung wirken, was bedeutet, dass die entsprechenden Kommunen je nach finanzieller Möglichkeit bestimmte Angebote der Jugendhilfeleistungen ignorieren oder streichen können.

§ 1 des KJHG hat die Funktion einer Leitnorm. In diesem Paragraphen „ist der Rechtsanspruch verankert, der jedem jungen Menschen (bis zum 27. Lebensjahr), der Leistungen zur Förderung seiner Persönlichkeitsentwicklung und Persönlichkeitsentfaltung benötigt, diese grundsätzlich möglich macht. Diese Leistungsverpflichtungen richten sich nur an öffentliche Träger der Jugendhilfe. Private Träger sind im Rahmen ihrer Gemeinnützigkeit gehalten, entsprechende Leistungen ebenfalls anzubieten." (Jantzen/ Krieger 1995, S. 63)

Für die Realisierung des multikulturellen Hip-Hop-Projektes sind die Ausführungen zur Jugendarbeit im § 11 von entscheidender Bedeutung. Dort ist der Anspruch auf Förderung der Entwicklungsaufgaben junger Menschen festgeschrieben. Die Jugendarbeit soll dazu die erforderlichen Angebote zur Verfügung stellen. Diese sollen, laut § 11, an die Interessen der jungen Menschen anknüpfen und von ihnen mitbestimmt und mitgestaltet werden. Dadurch sollen sie zur Selbstbestimmung sowie zur gesellschaftlicher Mitverantwortung und zum sozialem Engagement angeregt werden. In Absatz 3 Nr. 1 KJHG wird als ein Schwerpunkt die außerschulische Jugendbildung auch auf kulturellem Gebiet betont.

Der § 9 Satz 2 KJHG sagt aus, dass bei der Ausgestaltung der Leistungen das wachsende Bedürfnis sowie die sich entwickelnden Fähigkeiten zum selbstständigem und verantwortungsbewusstem Handeln berücksichtigt werden sollen. Dabei müssen auch die jeweils besonderen kulturellen und sozialen Bedürfnisse und Eigenarten junger Menschen beachtet werden.

7.2.7. Schlussbemerkung

Musik ist immer noch das Medium auf welches sich die meisten Jugendlichen einigen können. Dabei gibt es natürlich viele unterschiedliche Geschmäcker, aber die Sprache Musik versteht fast jeder Heranwachsende. Genau diese Allgemeingültigkeit, dieses übergreifende Interesse gilt es aufzufangen und einzufangen, um die Jugendlichen damit fesseln zu können. Jugendarbeit ist praktisch dazu verdammt Musik in die tägliche Arbeit mit einzubeziehen, denn bei nicht wenigen Jugendlichen fängt der Tag mit Musik an und hört auch mit Musik auf. Musik bildet den Soundtrack des jeweiligen Tages. Sie kann gute Stimmungen auffangen, aber auch negative Erlebnisse unterstützen. Sie kann Ausdruck der individuellen Persönlichkeit sein, aber auch dazu beitragen sich mit und durch andere zu identifizieren. Sie kann dem Alleinsein die Einsamkeit nehmen oder dem Gruppenerlebnis die richtige Stimmung verleihen. Diesen verschiedenen Aspekte versucht das multikulturelle Hip-Hop-Projekt gerecht zu werden. In erster Linie soll es natürlich Gemeinsamkeiten verschiedener Einstellungen und Kulturen deutlich machen sowie Vorurteile und die Angst vor Unterschieden abbauen, um damit vielleicht den Schritt zu einer funktionierenden multikulturellen Gesellschaft zu verkleinern. Dieser Schritt kann nur über den einzelnen Jugendlichen gegangen werden. Indem man das Selbstvertrauen der Heranwachsenden aufbaut bzw. stärkt, den kreativen Ideen der Jugendlichen freien Lauf lässt und die interkulturelle Kommunikationsfähigkeit fördert, kann man als Sozialpädagoge der oft resignierten und desillusionierten Grundhaltung der Jugendlichen entgegenwirken. Eine andere positive Auswirkung ist die schon erwähnte Einführung in die mediale Realität. Musik zu machen, zu tanzen oder zu malen ist eben nicht nur Vergnügen, Es kann zwar dabei helfen einen neuen bisher vielleicht noch nicht gekannten Grad der eigenen Zufriedenheit zu erlangen, aber bis dahin ist es meist ein weiter, harter und arbeitsreicher Weg, der zu Ausdauer und Geduld führen kann. Beides sind Eigenschaften, die im weiteren Leben von großer Bedeutung sind.

8. Eigene Gedanken - Schluss

Auf den vergangenen Seiten habe ich mich mit verschiedenen Definitionen von Kultur, Subkultur sowie jugendlichen Szenen auseinandergesetzt. Außerdem habe ich über Peer-Groups als Sozialisationsinstanz sowie als Indikator für gesellschaftliche Probleme geschrieben. Ich habe den Zusammenhang zwischen Peer-Groups und Subkulturen deutlich gemacht und beschrieben welche Rolle Peer-Groups und Subkulturen bei den jugendlichen Entwicklungsaufgaben einnehmen. Der Hauptteil dieser Arbeit beschäftigt sich aber mit der Hip-Hop-Kultur, von der Entstehung bis zum gegenwärtigen Auftreten dieser Kultur in den Medien, in den Jugendclubs und auf den Straßen. Ich möchte beweisen, welche entscheidende Rolle diese Subkultur im Leben heutiger Jugendlicher spielt und wie wichtig das Verständnis und die Toleranz dieser Jugendkultur für die Jugendarbeit ist. Auch wollte ich mit bekannten und neuen Konzepten Anregungen geben, wie diese Kultur für die Jugendarbeit gewinnbringend genutzt werden kann.

Abschließend möchte ich noch anmerken, dass ich mich privat seit ungefähr 20 Jahren für diesen Musikstil und die dazugehörigen Tanz- und Kunststile interessiere. Diese Subkultur hat mich seit meiner Kindheit interessiert, weil ich spürte, dass eine unglaubliche Energie in ihr gefesselt war, welche sich im Laufe der letzten 20 Jahre auch zunehmend befreite und fast die ganze Welt mit dem Hip-Hop-Virus infizierte, bis auch der letzte Teil dieses Planeten zu rappen, zu breaken oder zu sprühen schien. In jeder Stadt, die ich in den letzten 15 Jahren besuchte entdeckte ich Graffitis, sei es Rostock, Prag oder Venedig. Überall traf man Jugendliche die sich durch ihren Kleidungsstil als Hip-Hopper outeten und so abgedroschen es sich vielleicht anhören mag, in der Umgebung Gleichgesinnter fühlte man sich sofort viel wohler. Es gab Themen die über Sprachgrenzen hinaus diskutiert wurden und rappen konnte man sowieso spontan in jeder Sprache. Mein Leben als Hip Hopper bereitete mich auf eine Welt mit vielen Sprachen und Ausdrucksmöglichkeiten vor. Ich sah Breaker die lieber ihre letzte Hose beim tanzen zerrissen, als sich dem Gegenüber geschlagen zu geben. Menschen die tanzten bis sie kaum mehr stehen konnten, die aber noch genug Energie besaßen, um mit ihren Kontrahenten die ganze Nacht zu feiern. Ich erlebte wie Graffiti-Sprüher ihre Nächte damit verbrachten sich vor der Polizei zu verstecken, um geeignete Plätze für ihre illegalen Gemälde zu finden. Und ich hörte Rapper, die stundenlang im Kreis saßen und in Reime verpackten was ihnen gerade so in den Sinn kam.

Kurz gesagt, ich bin seit Jahren davon überzeugt, dass man diese Energie nicht ungenutzt lassen darf. Eine Subkultur, die Jugendliche so in ihren Bann ziehen kann, ist einfach eine Bereicherung für jede Jugendarbeit. Auch zur Zeit ist deutlich zu erkennen, dass Hip-Hop erfolgreich als Mittel der Jugendarbeit eingesetzt werden kann. Denn viele Jugendliche, die in den derzeitigen Medien auftauchen, weil sie ihre Lehrer, Mitschüler oder Eltern verprügeln, outen sich durch ihre Kleidung und Sprache als Hip-Hop-Fans. Der Rapper BUSHIDO besuchte sogar eine der zur Zeit in den Medien besonders beachteten Schulen, um gegen die dort stattfindende Gewalt gegen Lehrer und Mitschüler Stellung zu beziehen. Die Vorbilder für die Heranwachsenden in den sozialen Brennpunkten Deutschlands, sind nicht selten Rapper, die es geschafft haben durch ihre Musik Geld zu verdienen. Amerikanische Stars wie 50 CENT, die erst Drogendealer und dann Stars waren, hängen als Poster in tausenden Kinderzimmern. Das Alles macht deutlich, dass Hip-Hop eine der ausdrucksstärksten Sprachen der heutigen Jugend ist.

Bei dem gegenwärtigen Trend bleibt aber zu beachten, dass auch die Hip-Hop-Bewegung Veränderungen unterlag. War sie anfangs noch eine Subkultur von

Afroamerikanern für Afroamerikaner, die eher in begrenzten Teilen amerikanischen Großstädte stattgefunden hat, ist sie heute im Mainstream angekommen. Die anfangs idealistischen Beweggründe, Hip-Hop in allen seinen Facetten zu begleiten, sind heute der Macht des Geldes gewichen und Geld wird dabei nur durch den Verkauf bestimmter Images verdient. Von der ursprünglichen Haltung die Hip-Hop verbreiten wollte, nämlich dass jeder in seiner Kunst frei und unabhängig sein kann und dass es hauptsächlich darum geht die Kultur im Ganzen voran zu bringen, ist nicht mehr viel zu spüren. Nichtsdestotrotz kann man immer noch die Energie fühlen die diese Subkultur verbreitet, man muss manchmal nur einfach genauer hinhören.

An diesem Punkt sehe ich auch den Ansatzpunkt an dem die Jugendarbeit angreifen kann. Sie kann dazu beitragen die alten Ideale wieder zu beleben. Sie kann dabei helfen den Jugendlichen bewusst zu machen wie vielfältig man sich mit Hilfe von Wörtern, Bewegungen oder Zeichnungen ausdrücken kann. Sie kann dabei helfen den Heranwachsenden zu zeigen, dass die eigene individuelle Persönlichkeit etwas Herausragendes und Pflegenswertes ist. Und dafür eignen sich nur wenige Subkulturen so gut wie Hip-Hop. Das hat mehrere Gründe. Zum einen braucht man in der Hip-Hop-Kultur wenige besondere Fähigkeiten. Man muss nicht singen können, um ein guter Rapper zu sein. Man braucht kein Gesangstraining, um mit anderen mithalten zu können. Auch wird kein teures Studioequipment benötigt, um eigene Lieder zu produzieren. Es reicht lediglich ein Computer und das dementsprechende Musikprogramm sowie natürlich genügend Motivation sich mit dieser Technik auseinander setzen zu wollen. Außerdem ist Konzentrationsfähigkeit, Phantasie sowie Ideenreichtum jedes Jugendlichen gefragt. Dazu kommt, dass bei Gruppenkonstellationen darauf geachtet werden muss, was die Bandpartner für Ideen haben. Rap-Texte können in jedem Kinderzimmer, auf der Straße oder im Jugendclub geschrieben werden und besitzt man kein Computer kann man diese auch über schon bekannte Instrumentalstücke zum Besten geben. Merkt man, dass das Spiel mit den Wörtern doch nicht die eigenen Interessen und Fähigkeiten trifft, bleibt im Rahmen der Hip-Hop-Kultur immer noch die Möglichkeit zu breaken oder zu sprühen. Auch diese beiden Kunstarten benötigen zum größten Teil nur den eigenen Körper. Tanzen kann man praktisch überall. Dazu sind keine teuren Sachen notwendig oder nicht zu bezahlende Tanzstunden. Lediglich ein Stück glatter Boden muss gefunden werden und schon kann das Training losgehen. Graffiti ist im Vergleich zu den andern beiden Formen der Hip-Hop-Kultur wohl der gefährlichste Teil, da er sich meistens in der Illegalität abspielt. Doch sind die Möglichkeiten sich dadurch auszudrücken und um Beachtung zu kämpfen genauso groß wie bei den anderen beiden Disziplinen. Graffiti-Sprüher eignen sich am deutlichsten ihre Umwelt an und sie besitzen die Fähigkeiten und vor allem den Mut diese, gegen den Willen eines Großteils der Bevölkerung, nach ihren ästhetischen Vorstellungen zu gestalten. Graffiti-Sprüher betteln nicht um Aufmerksamkeit, sie nehmen sie sich einfach und bestimmen das Ausmaß zum großen Teil selbst. Natürlich wird das von den wenigsten Teilnehmern unserer Gesellschaft toleriert, aber zu bemerken, dass man nicht zwangsläufig nach Einverständnis anderer fragen muss, kann schon positive Auswirkungen auf das Selbstbewusstsein haben.

Hip-Hop ist für mich die Jugendkultur mit den größten und auffälligsten Möglichkeiten andere Menschen auf sich aufmerksam zu machen. Sie kann Jugendliche unterstützen sich aus ihrer Perspektivlosigkeit zu befreien und ihnen im Gegenzug Alternativen bieten, die dazu beitragen sich selbst mit allen eigenen kreativen Potentialen kennen, schätzen und lieben zu lernen. Aus diesem Grund sollte die moderne Jugendarbeit diese Jugendkultur in ihre Arbeit weiterhin einbeziehen und neue Möglichkeiten der Arbeit mit Hip Hop entwickeln und unterstützen.

9. Literaturverzeichnis

Baacke, D.: Handbuch Jugend und Musik, Opladen 2001

Beck, U.: Riskante Freiheiten: Individualisierung in modernen Gesellschaften. Frankfurt am Main 1993

Bohn, C./ Hahn A.: Pierre Bourdieu. In: Kaesler D. (Hrsg): Klassiker der Soziologie. München 1999

Bohnsack, R.: Generation, Milieu und Geschlecht: Ergebnisse aus Gruppendiskussionen mit Jugendlichen. Hemsbach 1989

Bourdieu, P.: Die feinen Unterschiede: Kritik der gesellschaftlichen Urteilskraft. Frankfurt am Main 1987

Brake, M.: Soziologie jugendlicher Subkulturen: Eine Einführung. Frankfurt am Main 1981

Dufrense, D.: YO! Rap Revolution: Geschichte, Gruppen, Bewegung. Neustadt 1992

Eco, U.: Wie man eine wissenschaftliche Abschlussarbeit schreibt. Heidelberg 2002

Farin,K.: generation kick.de: Jugendsubkulturen heute. München 2001

Ferchhoff, W.: Jugend an der Wende des 20. Jahrhunderts: Lebensformen und Lebensstile. Opladen 1993

Hill, B.: Rockmobil: Eine ethnographische Fallstudie aus der Jugendarbeit. Opladen 1996

Hill, B.: Musik als Medium in der Jugendarbeit. In: Müller, R./ Glogner, P./ Rhien, S./ Heim, J. (Hrsg.):Wozu Jugendliche Musik und Medien brauchen. München 2002

Hitzler, R./ Bucher, T./ Niederbacher A.: Leben in Szenen: Formen jugendlicher Vergemeinschaftung heute. Opladen 2001

Jacob, G.: Agit-Pop: Schwarze Musik und weiße Hörer. Berlin 1993

Jantzer, H.P./ Krieger W.: Rockmusik in der sozialpädagogischen Arbeit. Berlin 1995

Konrad, K.: Mündliche und schriftliche Befragung: Ein Lehrbuch. Landau 2001

Korfelder, A.: Jugendkulturarbeit im Vergleich. Essen 2002

Leopoldseder, M.: Banned in the BRD: Rap auf dem Index. In. Juice. 5/ 2005 S. 57-63

Loh, H./ Güngor, M.: Fear of a Kanak Planet: Hip Hop zwischen Weltkultur und Nazi-Rap. Höfen 2002

Marotzki, W.: Leitfadeninterview. In: Bohnsack, R./ Marotzki, W./ Meuser,M. (Hrsg.): Hauptbegriffe qualitativer Sozialforschung. Ein Wörterbuch. Opladen 2003

Robitzky, N.: Von Swipe zu Storm: Breakdance in Deutschland. Hamburg 2000

van Treeck, B./ Todt, M.: Hall of Fame: Graffiti in Deutschland. Moers 1995

URL:http://www.hiphopmobil.de/Index2.html (Stand 09.06.2006)

URL:http://www.ass-crew.de/html/history.html, (Stand 29.04.2006)